女人都能成为有钱人

[法] 欧利维埃·塞邦 / 著 田丽娜 / 译

山西出版集团
山西人民出版社

图书在版编目(CIP)数据

女人都能成为有钱人/(法)欧利维埃·塞邦著;田丽娜译. —太原:山西人民出版社,2011.5
ISBN 978-7-203-07255-3

Ⅰ.①女… Ⅱ.②塞… Ⅲ.①女性-财务管理-基本知识 Ⅳ.①TS976.15
中国版本图书馆 CIP 数据核字(2011)第 068898 号

著作权合同登记号 图字:04-2011-010 号

Translate from French original title: *Toutes les femmes méritent d'être riches*
Copyright ©Maxima, 2008. All rights reserved.
Simplified Chinese translation edition published by Shanxi People's Publish House.
山西人民出版社持有本书的简体中文版权,版权受到法律保护。
本中文版权由 Divas International, Paris(巴黎迪法国版权代理公司)代理(info@divas.fr)。

女人都能成为有钱人

著　　者:(法)欧利维埃·塞邦
译　　者:田丽娜
责任编辑:魏美荣
装帧设计:蒋宏工作室

出　版　者:山西出版集团·山西人民出版社
地　　址:太原市建设南路 21 号
邮　　编:030012
发行营销:0351-4922220　4955996　4956039
　　　　　0351-4922127　(传真)　4956038　(邮购)
E - mail:sxskcb@163.com 发行部
　　　　　sxskcb@126.com 总编室
网　　址:www.sxskcb.com

经销者:山西出版集团·山西人民出版社
承印者:三河市航远印刷有限公司

开　本:880mm×1230mm 1/32
印　张:7.5
字　数:200 千字
版　次:2011 年 5 月第 1 版
印　次:2011 年 5 月第 1 次印刷
书　号:978-7-203-07255-3
定　价:29.00 元

如有印装质量问题请与本社联系调换

账单,房租,培训费,旅游支出,化妆品消费……
太多太多的地方需要你花费。
化解这个困惑,一定要致富才能解决。

本书作者塞邦,一个普通人出身的传奇理财师,
将继续在这本书中讲述女人必知的财富十三堂课……

《钱经》专访塞邦
《我知道获取财富的秘密:专访法国"富爸爸"》

《理财一周》专访作者塞邦
《想成为有钱人就要和有钱人做生意》

《北京晨报:成为富翁是一种技巧》

　　塞邦的财富故事和财富观念引入中国后,同样引起了媒体的热烈报道和中国读者的喜爱,他的作品也持续位列畅销书排行榜,无数读者对塞邦的财富课纷纷留下感言……"

　　"普通人最好的致富经","比别的理财书对财富探讨更加全面和深刻,不只是局限于对前面财富理念的探讨""带着塞邦的财富十堂课踏上创业之路"。

《新财经:根深蒂固的金钱观》

名家热荐

我最欣赏欧利维埃这本书中的一句话是:所有关于女人和金钱的负面评价,其目的都是阻碍女人自食其力、继续依靠男人生存。似乎只有法国男人想得如此开明,敢于承认自己"没出息"。

我非女权主义者,所以无谓发表女性独立宣言。甚至在我看来,"依靠男人生存"并不值得反对,人类社会只有两种性别,如果女人是依靠男人生存的,那男人也势必只有女人能依靠。

我想说的是对待金钱的态度决定拥有财富的规模。

……

所以,女人就应该爱钱,不爱又怎么可能去积极追求?欧利维埃这本书的意义就在于告诉女性,追求财富带来的美好是你的本能,但需要学习本能之外的东西,才能更有效地获得财富。

中国投资理财第一刊《钱经》编辑总监　王雪吟

男人和女人谁更会理财,谁更应该理财往往是一个家庭争论不休的话题,其实对一个女人来说,无论争论的结果是什么,自己首先要学会理财。人们常说,女人如花,但殊不知,落花无情,自有凋谢的那一天。然而,会理财的女人就如同一朵永不凋零的花朵,妩媚动人,一生注定因为理财而变得更美丽、更精彩。

其实理财,女性有与生俱来的优势:细心、谨慎、对收入和支出的高敏感度,更为重要的是,女人天生就比男人更懂得存款,要知道,不储蓄你永远也不能积累财富。

然而天生对数字分析没兴趣,不相信自己的理财能力则是女性理财最大的弱点,正如书中所说:"如果不对存款进行投资,那这种优势就没有任何意义,如果你想保障自己的未来生活,就必须进行投资,而不能止步于较少的存款。"

本书作者欧利维埃·塞邦,一个平民出身的传奇理财师,用娓娓道来的十三堂课,告诉女人如何实现自己的财富梦想,为自己和家人创造一个有保障的未来。

从现在开始,就让我们打开这本写给女人的理财宝典,学会理财,做个聪明的女人、独立的女人、幸福的女人。

金蝶国际软件集团高级副总裁　陈登坤

告诉你所不知道的女性理财真相,倾听法国"富爸爸"的理财箴言;嬉笑间还原理财的本来面目,娓娓道来生活理财、理财生活,让女同胞们不再只是家庭中的"账房先生",而变身成为"财务部长"。

搜狐理财频道

简单的文字,易懂的逻辑,塞邦告诉新时代的女性如何过上自己想要的生活,并以其独到的财富观念激励不同年龄段的女孩子们:女人也可以像男人一样成为有钱人。

MSN 理财频道

女性的财富独立宣言……不能否认,女人嫁个"钻石王老五",或者依靠出卖肉体和灵魂,不费吹灰之力就可以成为有钱人。就像女人一旦跟金钱扯上关系,人们会想到很多背后的"潜规则"。《女人都能成为有钱人》仿佛一个宣言,一个女性能够名正言顺、独立地拥有财富的宣言,告诉普天之下的女人们你有资格、有能力、有正确的致富路径,可以找到、可以拥有金钱,实现财务自由,并会因为将金钱这个工具打理精致而比男人生活得更好,能够应对未来无法预测的危机。与此同时,它还告诉女性,金钱不是万能的。就像书中所说的"你应该明确金钱和生活的意义,你的财富才可以保持得更长久"。

CFP 中国建设银行个人业务顾问　高级经济师　褚学力

女人都能成为有钱人

读时装美容书可以获得扮靓诀窍,读这本书则可以获得财富的 DNA。一个男人给女人的关于财富的金玉良言。

花旗私人银行(美国)投资专家、特许金融分析师《幸福财女计划》作者　张达红

理财的秘诀其实就是开源节流,而如今开源的方式,就是介入越来越丰富的金融产品。无疑,塞邦在这本书里为那些希望更好地理财的女性们提供了很多好的方法。

知名理财网站财帮子网

理财"她时代",女人追寻幸福不仅需要高智商、高情商还要练就高财商。欧利维埃·塞邦通过讲述详尽的事例给我们展现了一幅理财地图,他的致富攻略也是通俗易懂好操作,令读者大为受益。

《卓越理财》

目　录

写在前面·········1

- 用简单的方法让女人变富有
- 这本书讲的不只是金钱,还有人生
- 关于女人的错误金钱观
- 真相一:自由、平等、博爱,男人享受它们更多
- 真相二:挣更多钱不能保证你能致富
- 真相三:只有你自己可以支配你的钱,钱不会自己变多
- 真相四:大多数人不知道他们的钱在哪儿
- 真相五:你开的车和你父母住的房子一样贵

- 真相六：致富不能只靠挣工资
- 真相七：爱情通常没有好结果
- 女人可以比男人做得更好
- 你的第一笔财富：金融知识
- 你认为什么是"富有"
- 在这本书里你可以学到的东西

第一章　成功的两个秘密………31

- 第一个秘密：学习你不懂的知识
- 第二个秘密：你的习惯决定了你是怎样的人

第二章　虽然你不能买下所有喜欢的东西，但你可以拥有更多………41

- 我们的银行账户就是一个装满巧克力的盒子
- 幸福和金钱

第三章　你比自己想象得更富有………55

- 你还要一直煲电话喝咖啡吗
- 想要变得富有，就不要成为一个吸烟者
- 被洗脑还是用五秒钟改变你的银行账户

- 我们为什么花钱?
- 复合利润的奇迹

第四章　你的慷慨会让你变穷·········75

- 致富障碍一:慷慨
- 致富障碍二:时间
- 致富障碍三:顽固思想
- 致富障碍四:所有的生活开销
- 贷款和生活
- 富人的神奇公式

第五章　你的致富行动和投资计划·········91

- 第一步:启动自动驾驶
- 怎样开始致富行动
- 第二步:观察你的钱都流向了何处
- 第三步:进行消费大清扫
- 第四步:做出选择

第六章 为什么法国小姐、赛格莲娜和我的女邻居都需要保镖呢？……… 105

- 第一个保镖：意外保险
- 应该买多少钱的保险呢？
- 意外保险和房产
- 第二个保镖：伤残保险
- 怎样选择一份保险？
- 第三个保镖：防止意外的"安全气囊"
- 把钱投资在哪里，如何投资
- 第四个保镖：你的财产公证人

第七章 买房还是租房？……… 125

- 租房＝把业主的钱从窗户扔出去？
- 好消息：房子将降价
- 租房，4年后成为食利者
- 何时当业主或租客？
- 在哪里买？在哪里租？

第八章 如何利用房产致富……… 137

- 杠杆效应

- 10%的规则
- 伊莲娜的停车场
- 怎样才能不支付增值税?
- 如何妥善投资房地产
- 怎样买入
- 与卖方谈判
- 与银行谈判
- 要挣得多就得问得多

第九章　为什么伊尔玛夫人从未在股市获利·········157

- 如何妥善地进行证券投资
- 为什么不能买股票
- 共同基金,高薪保镖
- 如何找到最好的共同基金?
- 要再投资还是要分红
- 银行自己的基金背后
- 开始长期投资吧
- 如何投资共同基金?
- 在哪购买共同基金

第十章　把钱放在哪里可以少缴税………175

- 证券账户
- 股票储蓄计划
- 人寿保险
- 将寿险投资当做降低5%的酬劳使用
- 在哪里签署人寿保险合同？
- 你的第五个保镖
- 全家一起致富
- 妥善分配你的储蓄
- 神奇的省钱公式

第十一章　如何能挣更多的钱………191

- 收入和生活质量
- 为什么不能拥有更多？
- 如何得到你想要的
- 你的价值超出你的想象
- 拥有更多的建议一：给予才会获得
- 拥有更多的建议二：不要接受过低的薪水
- 拥有更多的建议三：主动要求加薪
- 拥有更多的建议四：如果不工作不开心,辞掉吧！

- 拥有更多的建议五:为自己工作
- 如何支配新的收入

第十二章 你富有了,但是——·········211
- 如果你什么都不做,就什么都得不到
- 金钱不是万能的
- 小小的请求

附:成功的故事:欧利维埃·塞邦, 32 岁的百万富翁·········217

写在前面

写在前面

女人都应该是有钱人,至少跟男人们一样有钱。这句话背后掩盖了一个事实,所有的女人每天都会面对被吹捧的经济地位。尽管随着社会的进步,女人也在不断地争取提高她们的地位,但在这个男人统治的社会里,她们依旧比男人"穷"。

即使女人的"钱"景比以往任何时候都更好,即使她们做的工作和男人一样多,在所有专业领域都是平等的,然而在个人层面上,女人仍然在经济上处于不利地位,总是首先遭受生活中的意外。

导致这一结果的原因,既涉及我们与金钱的复杂关系,也归因于早在史前时代就形成的对妇女角色的定义,即男人们负责出去狩猎养活家人,女人们在家照看孩子。

众所周知,女人和男人的职责不同。当女人跟金钱扯上关系时,往往被看作是贪婪、腐败、挥金如土的人,而这些反面的称谓往往是毫无根据的,目的就是为了阻碍女人们自食其力,继续

依靠男人生活。

钱只是男人的事吗？只有男人有权力致富吗？这只是用来蛊惑人心的话，答案当然是否定的。无论何种性别，我们都有权拥有安全和幸福的生活，都享有温饱和住所等基本生活需求。但是很明显，女人所关注的问题和男人考虑的事情完全不同，这就导致女人看待金钱的角度和男人不同。

我的书《人人都能成为有钱人》和我提出的金钱教育理论取得了成功，尤其在女性读者中引起了很大的反响，很令人震惊。她们对这个主题表现出极大的兴趣，但我在第一本书中不能完全解决她们生活中遇到的困难，所以这本书是写给那些值得获得财富的女性，以及那些想要使自己和家人的生活变得更好的女性。

用简单的方法让女人变富有

无论你的年龄大小，或个人生活和职业情况怎样，这本书的第一个目的是帮助你决定自己的未来和生活，同时教你怎样更好地使用你的钱。你会发现，你可以(再)通过应用一些简单的规则使自己变得富有，从而减少日常生活中遭受的压力。

第二个目的是培养你们对金融知识的兴趣，以适应当下这个以经济为基础的社会，同时也要告诉你们，金钱的作用比你们想象的要大得多。这个目标看起来有些自负和不切实际,但事实就在眼前,所有的女人都无法避开它。恰恰相反,当遇到经济上(失业、事故)或者个人生活上(离婚、分居、死亡)的打击时,最先受伤害的往往是女人,受到的影响比男人更严重。

女士、小姐,不论你是20、30或是50岁,不论你是单身、已婚、丧偶或是离异,不论你是职业女性还是家庭主妇,不论你的国籍或肤色是什么,请相信你们可以(重新)自己掌握金钱,可以获得经济独立,过你们想要的生活。

首先,你们要发现你们在投资方面的潜力,要做到这一点,你们需要采用一个合适的方法学习金融知识。然后,你们需要作出选择,改变生活,创造另一种未来。

一旦你明白了钱的好处以后,你会自然产生去完成目标的动力。许多人以为致富只能靠中彩票,或者是像母亲希望的那样嫁给一个完美男人。其实不然,你只需要有改变现状的意愿。

在迈出第一步之前,你需要抛开一些强加在女人头上的、有关金钱方面的成见。虽然这本书并不能让你变成亿万富翁,但你可以学到怎样变得"富有"(仍然需要理解这个词的真正意义),尤其可以使你的未来有所保障,避免你担心未来一无所有(当我们没做任何努力时,总是先假设遇到最坏的情况,而不是最好的)。

这本书中的建议既简单又有效,大部分是一些常识和简单

的金融知识，告诉你们怎样在这个经济社会里更好地使用金钱。无论你们采纳书里的全部还是一部分内容，都将会对改善你们的财务状况有所帮助。

但首先要认识到的是，只有愿意付出努力的人才可以达到书中所说的目标。你们也会发现一些理论跟实例反而把你们带到相反的道路上去，最令人惊讶的是，你们当中的一些人会觉得致富其实比想象的要容易得多。如果你们遇到这种情况，请你们不要掉入这个陷阱，因为越是看起来简单且显而易见的事情，却往往越容易导致我们最终无所作为。

这本书讲的不只是金钱，还有人生

这本书的第一部分讲的是在使用金钱的过程中，人们的心理、情感和经济上的得失，它将帮助你们（重新）建立与金钱的良好关系。因为即使你的银行存款达到了六位数或者七位数，你看起来已经足够富有了，但是你还远远不够幸福，不能摆脱某些焦虑。所以，如果你不能与金钱建立良好的关系，或者不能确定你真正需要的是什么，那么你根本不可能达到致富的标准。因此，你应该明确金钱和生活的意义，你的财富才可以保持得更长久。

写在前面

关于女人的错误金钱观

我们的理财方式更多地取决于我们周围所接触的环境,从父母那里所接受到的教育以及我们头脑中所形成的观念。

如果在您的青年时代,您的父母就不停地对您重复念叨"结婚吧,找个好丈夫(即挣钱多),生孩子,做个好母亲",您就很有可能成为依赖丈夫生活的家庭主妇。

相反,如果您的父母传递给您的信息是"结婚生子,过幸福的生活,未来要靠自己把握",您自然将根据自己的信仰,根据自己的需要及目的而管理自己的金钱。

但是,信息的分量及对独立的探寻将很难在短时间内显现出它们的影响力,而您也将偏离自己的目标。因此,男人和女人关系的脆弱性(离婚率及单亲家庭的增加)强迫女人要做到经济独立以便在生活中遇到难题的时候有能力靠自己解决。同时,家庭及工作要求女人可以自如地转换自己作为妻子及母亲的社会角色。

三种角色(员工、母亲、妻子)的束缚及女人先人后己的天性,促使她们优先考虑家庭及社会责任,而牺牲了自己的个性。从逻辑上来说,男人就必须保证日常经济及家庭的安定,因此,在人们的印象中,就认为所有有关经济方面的事情都是由男人

创造的。

由于金钱所引发的情感,就像恐惧或者挫折一样,都有着它们的重要性。它们促使你能够利用金钱更好地生活并取得成功。这些情绪显露得越多,越让你感到难以理性地采取行动。因此,越是不懂得如何赚钱,越是不敢对未来的生活做投资,也越是愿意墨守成规,而难以收获财富。

同样,没有能力做自己想做的事而产生的挫败感,让你不惜花费自己没有的金钱(透支消费或信用卡消费)而追求短暂的快乐。这两种情况所产生的后果将不断成为你发展的阻力并且影响你的生活。

作为女人,有些事实和真相是你应该重视的,是你无法逃避的。

真相一:自由、平等、博爱,男人享受它们更多

毫无疑问,女人和男人是平等的。但是,平等也分阳性和阴性。即使女人通过抗议和斗争,逐渐地在经济和政治舞台上取得一定的地位,但是,仍避免不了更加艰苦的斗争,这种斗争往往反映在薪资水平方面。据了解,即使在资质及能力相同的情况下,女人比男人的薪资平均低25%,而85%的单亲家庭是由女人来支撑,那我们很容易理解女人在事业或感情生活不顺

利的时候所承受的压力。

母性及家庭责任感,同样对女人放弃自己的职业生涯有着重要的影响。由于现实状况的影响,促使女人更多地从事兼职工作。女人在各方协助下,可以从事短时间的工作,同时升职机会也少,能够领取的退休金也较少。

统计很快出来了,结果显而易见:退休时,女人得到的远比男人要少,这就迫使女人不得不依靠亲人的帮助:配偶或子女。而矛盾的是,女人的寿命比男人要长。这就意味着,女人在较为贫困、较长的生活里,对金钱的需要更加迫切。

真相二:挣更多钱不能保证你能致富

有关金钱的广泛传说,均在于人们相信阻碍致富的首要因素就是挣得少。因此,如果你对一组妇女就改善将来的经济生活进行调查,大部分都会回答你:"挣更多的钱。"

首先,很难反驳这个论点,从逻辑上来说,挣更多的钱确实可以帮助你致富。这是一个对错融于一体的问题。

如果将此论点付诸实践,就需要给经济独立及安全留出上升的空间。否则,这种情况是很难实现的。自然,我们挣得越多,消费水平自动地要和我们的收入相适应,而不会过多地考虑明天,重又回到过去工资较少的日子了。你有没有利用增长的

那份工资考虑过自己的未来？你是不是轻易地把额外获得的这份收入花费了出去？

我来告诉大家为什么认为挣更多的钱就会致富这个观点是错误的。我认为大部分声称她们无法取得成功的唯一原因就是她们没有足够的经济来源而走上了错误的道路。大多数情况下，这其实是她们拥有不同的金钱观而产生的问题。

大部分人认为只有挣得多才能致富，这是错误的。

在你们中间，有些人并不相信我，我已经听到了抗议的声音："你不能这么说，是我来支付那些收据，而且我很了解自己在月末的时候还剩下什么。"这是有可能的。但是，请明白，我并不是说你没有面对一个挑战，而且很明显，你挣得越少，越应该付出更多的努力。但是，我敢保证，如果我们看一下，你用钱来维护一下你周围的关系，我们就能发现问题并不只是在于你挣钱多少，还在于你如何管理所挣的钱，尤其是如何花费你的钱。

请看表1-1。根据数据显示，一个女人每个月税后挣1000欧元，而在整个工作生涯中将要从她手里花掉48万欧元。

写在前面

表 1-1 统计以 40 年内，月工资保持不变为基础。

月收入	10 年	20 年	30 年	40 年
1000 €	120 000	240 000	360 000	480 000
1500 €	180 000	360 000	540 000	720 000
2000 €	240 000	480 000	720 000	960 000
2500 €	300 000	600 000	900 000	1 200 000
3000 €	360 000	720 000	1 080 000	1 440 000

想象一下，您和您的爱人都有工作，每人挣 1500 欧元，比平均工资低 20%。40 年间，你们多挣的金钱不低于 144 万欧元。如果考虑到每年有 2.5% 的涨幅，那么这个数据就是 2 487 154 欧元！

2 487 154 欧元

这是一对夫妇在工作生涯中所得的平均收入。

和可以支配一笔收入（工资、退休金、津贴或其他）的所有人或家庭一样，从你们手里流出去的确实是一笔可观的财富。这些数据就是真实情况的准确反映。

从另一个角度来看，40 年间，你将工作达 7 万个小时。到退休的时候，如果你没给自己留下养老费，那就意味着必须靠工作来支付所有开销，而同时只能领取最低工资。你不觉得自己当时错过了好多东西吗？

你应该明白，问题往往不是由于挣得太少，而是因为没有合

理利用和花费你自己的金钱,我们稍后再详细说明这个问题。此刻,我请求大家相信我,在大多数情况下,你无法使自己变得富有并且(或者)保证自己的未来经济,事实主要是因为你的消费方式以及对金钱采取的行为问题,而并不是你挣钱多少的问题。

你认为,说来容易做来难,物价总是很高的。事情也许是这样的,但是,有两件事情你必须知道并且承认,这就是第三及第四个事实。

真相三:只有你自己可以支配你的钱,钱不会自己变多

只有你自己可以支配你的钱,钱从不会自己变多,这是个绝对的真理,是在利用金钱支配关系的时候不可避免要考虑的一个问题。对它说"给我买双鞋",然后你有了自己的鞋。对它说"保证我的未来",它就会帮你更好地生活,给你提供保障。即便随着时间的推移,你的收入还是不变的、有限的,一切都会因你选择如何花费你的钱而不同。所以,为了自己努力吧。

只有你自己可以支配你的钱,钱不会自己变多!

要相信,你无法买到所有的东西,而购买能力并不仅和价格

的上涨有关。价格的上涨部分原因是工资的上涨。同时,你也应该注意到"购买欲"现象是由我们的消费品公司强制造成的。在那些公司里,多余的甚至无用的东西代替了主要的不可或缺的消费品,从而促使我们去购买那些对我们的生活来说并不需要的东西。这就是典型的外债超过偿还能力的行为,过着一种醉生梦死的生活,不惜花费未来的金钱而享乐。

这个事实要求你必须明确地指出自己优先考虑的事情以达到你的目标。相反情况下,你就是浪费时间,对自己没有任何帮助。然后,剩下的就是根据你的情况及收入采取行动,这是取得经济成功的关键。

如果没有采取正确的行为,你就不可能成功。这是取得成功的关键。

我们常感慨自己生活在这样一个社会:负债累累,忙忙碌碌,却发现鲜有成就。为了适应这种状况,我们就要多方面考虑了。如果我们没有得到那些所谓的"正常"的东西,我们就会抱怨,并且把这些归因于我们的失败。另外,如果你依赖他人,希望从他们那里得到美好愿望、能力及道德帮助。这种情况对我们每个人都是可行的,尤其是可以提供给我们所需要的:你的老板、丈夫、父母或国家。

现在,让我们推翻那些不同意见,考虑一下所有的一切都是值得的,没有任何债务。将发生什么事情呢?必然,你将改变自己的行为,努力去得到自己梦想的或者认为应得的。你将存下一笔钱并获得利润,购买自己真正需要或是供自己娱乐的东西,而不是还信用卡的欠款,用透支的金钱去买自己实际上并不需要的东西。

真的就是如此简单。改变你的行为,就能轻易得到自己一直渴望得到的东西了。停下来等等别人,有助于你加强自己的独立意识,而不是完全依赖他人,等待他人的施舍。

真相四:大多数人不知道他们的钱在哪儿

了解你的金钱,就能知道你能够做什么,就有能力支配你的金钱。为了合理地利用你的钱,你应该知道你的钱在哪里,这样才可以支配它。

我们每个人都多少了解一些如何利用金钱的知识,但是,大部分人都没有充分地考虑。你明白吗?请回答以下几个小问题,你就能明白你是否了解你的钱、如何利用你的钱。大部分问题涉及日常生活:

写在前面

"在饭店就餐时,你是否核实点菜单,然后再付费?"

你是否确认你点的菜单,还是不看点菜单就直接付费,而只是简单地听他们报的价格?这样做的目的并不是说饭店老板或其他人骗取你的钱财,而是告诉你,看好自己的钱很重要,不能不管三七二十一就进行交易!

"如果你已经开通了信用卡,是否看过(或明白)你的贷款协议?"

我同意你的观点,阅读那些条款确实很无聊。但是如果你签署一个可以保证借给你上万(甚至上百万)欧元的协议,却没有阅读细则,也就是说你对提供这份协议的人盲目地信任,而忘记了起草这份协议的时候,他们更多地考虑的是自己的利益,而不是你的利益。大多数人直到出现问题的时候才去读那份协议,看一下牵扯到什么事情,看自己的签名会有什么样的后果。

"你知道你的退休金准确数目是多少吗?"

领取工资的时候,你从不注意工资条上面的标注:毛收入。

它被分成了不同的数据,其中有一部分就是缴纳的退休金。这就是你退休时所领取的收入。这部分提前扣除的钱不为别的,只是政府用来投资的一种安排。因此,如果你不知道你有什么权利,你就不知道你的钱在哪里、如何进行投资,甚至你对如何投资没有任何办法控制。

回到这个问题,同样重要,它可以告诉你为了保障你未来的生活,领取更多的退休金,而应该做些什么。

> 资讯:你知道吗,如今,一个30岁的工人,领取的退休金是他最后工资的63%、女职工59%、干部43%、高级干部39%?请看视频资料,链接如下:
> www.toutlemondemeritedetreriche.com/envoi_infos/tlf.htm,更多的塞邦理财视频,请登录塞邦中文博客观看。

"你知道每个月花费在不同生活方面(餐饮、住宿、电话、娱乐等)的费用吗?"

如果你不知道不同的花费分别是多少,你就不知道无用的花费太多。有段时间,我有机会给一个家庭提供经济管理方面的建议。尽管没有无用的信用卡,这个家庭的父母仍然在月末的时候难以做到收支平衡,但是经过分类分析他们的消费,我们发现，他们每个月多消费出去 400 多欧元。他们拥有 1 部固定电话、3 部移动电话，或许有 2 个网络链接，还有超过 50 个电视节目，这些消费占了他们月收入的 13%。为了平衡他们的花费，他们每个月投资 200 欧元，剩下的用来做他们喜欢的事情。

如果你对以上问题的回答都是"是"，你真是太棒了。很有可能，你就是 10% 女人中的一员，同样的金钱观，同样的消费理念。如果你的回答不是肯定的，也不要担心，下次等你再签字的时候，手放在口袋里，多问几个问题，不要盲目地签署文件。

真相五：你开的车和你父母住的房子一样贵

现代经济社会里，我们的首要问题是通货膨胀导致的物价上涨。尽管过去的几年，官方收取的税率仅为 2%，通货膨胀还是产品价格中最重要的一部分。虽然，进步也是不可忽略的。这就是为什么你每天开的车和你父母 30 或 40 年前买的或拥有的房子其实是一样的价钱！

这是个有关退休人员的问题。只要再次就业，这些退休人员就无法享有退休金上涨的待遇了，除非有政府的决定。最好的情况就是工资增长率和通货膨胀率持平，但这种情况不会总发生。

为了解决这个问题，你就不得不对自己的金钱进行投资。

这就引出了我们的第六个事实。

真相六：致富不能只靠挣工资

女士们，你们有一个巨大的优势：你们比男人更懂得存款。但是，如果你不对存款进行投资，那这种优势就没有任何意义。

让你致富并保障未来生活的唯一方式，就是对你的钱进行投资。你看：如果你每个月挣1500欧元，在没有任何增长的情况下，40年后，你会有72万欧元的银行存款。如果每个月从工资里取出10%，放在银行的存款也有7.2万欧元。而如果你用这笔钱的5%进行投资，同样时间内，您将拥有228 312欧元。

很多女士看到这些数目都会很高兴。想象一下，你拿出存款的8%进行投资（我会告诉大家如何操作），你的财富很快就增长到503 606欧元。最后，如果你拿出工资的16%存放起来，也就是法国人存款的平均水平，你的银行账户里将有805 769欧元。也就是说，比你一生中全部工资的总和还要多85000欧元！拿出工资的一小部分进行投资是件很简单的事情。

这个结论很简单也没有诱惑力：如果你想保障自己的未来生活，就必须进行投资，且不能止步于较少的存款。

写在前面

真相七：爱情通常没有好结果

你未来的经济生活及经济自由依赖于今天你如何利用自己的金钱。如果你不采取任何措施，你将只能依靠自己的收入或是其他人的资助。从某方面说，只能依赖于某个人或是国家，试想一下，他们整天照顾你，而你并不自己想办法挣钱，这是个比较严重的错误。如果你听信他人的言论"找个会挣钱的好老公，就什么都好了"，那么你的未来会变得更加糟糕。

你觉得这是另一个年代的事情吗？我以前也这么认为，但是，我发现我最好的朋友之一拿这种观点教育她学习成绩平庸的女儿。另外一个例子：受邀到朋友家吃饭，女主人对我的女儿说："像你长得这么漂亮，根本不用为自己的未来担忧。"难道应该理解成没有什么优势就应该被迫去工作吗？

最大的错误之一就是让一个女人依赖于一个男人（丈夫或父亲）而活，然后让她认为这就是世界上最幸福的事情。我也不知道有多少女人找我征求意见，她们把本应控制在她们自己手里的经济保障盲目地托付给丈夫。我没有说经济保障应根据不同的形势而采取措施，我的意思不是指男人刻意控制女人，男人刻意把她们禁锢在母亲的角色中，从而使她们失去掌控经济的权利，并从中得到了好处。我只是说有一些明显的事情及事

实,是你必须要明白的。

我们大家都应该信任自己的配偶。不幸的是,生活及统计学给大家讲述了不同的故事:两个人的婚姻以离婚而告终,离婚在生活中引起了激烈的动荡与改变。即使她们可以领取养老金,养活她们自己及儿女,事实表明女人在离异后都会明显地降低她们的购买力。而男人的购买力在他们找到新的伴侣后很快就会恢复。女人在带着孩子的情况下,很难找到新的伴侣。

尽管有数据证明,很多女人也认为这只是特殊事件,几乎与她们无关。她们简单地认为她们迷人的王子永远都不会变成癞蛤蟆,会保护她们不受伤害。在你的周围有离异的女人,你就会明白我的话了。你可以问问她的想法,之后再想一下(给我两页内容的论述,我就会停止对你说不幸的事情)。

离异仅代表部分问题,因为即使你有幸找到了完美配偶共度一生,这也并不是你安全未来的保障。很简单,因为你的爱人也有可能得重病,或早或晚地离开这个世界。

好像大家都不愿意说起这种事情,甚至较少谈论这个话题。但是,让人担忧的是,看到那么多的男人全心全意、真诚地爱着他们的女人和家庭,但却拒绝考虑不可避免的问题。这或多或少就把他们的未来置于危险境地。

由于对不愉快的事实较少考虑,我们对解决生活中这些不可避免的问题没有做好准备。这也是为什么许多女人失去了她们的丈夫后，从而饱受情感上及经济上的双重打击。

请注意这个问题：你不能盲目地把一生托付给一个男人。不仅是因为他对你居心叵测，还因为有些事情总会发生（离异、意外），甚至有其他不可避免的事情（死亡）。

在这里，我要告诉大家，之前的内容让大家对我们生活中的一些事实有一个直观的消极印象。它们向大家揭示了我们的期待、行为、惰性、恐惧、信仰以及对金钱的某些观念，这些都阻碍我们与之相抗衡，或影响我们做出正确的决定。

经历对我们的信心及采取行动的动机没有任何现实的意义。没有人能够担负起你未来的经济生活，除了你自己。你的丈夫不行，你的员工也不行，国家不行，你的子女也不行。你的未来由你自己构筑，它是你自由生活、自由思想的钥匙。

从现在开始，结束那灾难性的剧情吧。我刚才揭露的那些可发性事件，并不只是一种可能，也不是与你无关。至少，是你来决定并（或）采取行动去做哪些你希望的事情。

女人可以比男人做得更好

童年时期，男孩和女孩接受的金钱观熏陶就不一样。男孩子从生理上来说，摆脱了来自母亲的精神灌输，他们的首要角色就是学会如何赚钱养家，但金钱并不因此而成为男人的专享。

"格莱珉银行的女人们"的经验在孟加拉广为流传。穆罕默德·尤努斯,2006年诺贝尔经济奖获得者,小额信贷的创始人,创建了乡村银行。当他发明小额信贷的时候,他的目的就是借钱给穷人们。但他当时考虑的就是对男人和女人平等相待。

他的直觉是对的。借助于贷来的钱,大多数女人建立了她们的商业圈,并用获得的利润养活了她的一大家子,给她们的子女提供了接受教育的条件。经验告诉我们,在金钱方面,当关系到家庭及自身的保障时,女人可以做到和男人一样,甚至更好。原因很简单,就是她们没有任何优先权及相同价值。

因为她们更谨慎,更有耐性,更坚忍。女人们一旦采取行动,就会坚持到底。男人在商业上比女人更容易取得成功,是因为他们比女人更是玩家,他们利用冒险的优势,并采取不同方式。他们冲动的天性让他们很轻易就会偏离自己的目标。

"格莱珉的女人们"的经验并不止于简单信贷,还伴随着教育金融及不可或缺的所挣钱财的最好利用方式。最终目的就是调解信用卡还款、生活保障及家庭的收支平衡(你经常见的银行家,他通常都乐意借钱给你消费,常常还会乱提建议)。

你的第一笔财富:金融知识

第一个好消息:你可以学习如何变得富有。这是个小儿科的东西。当你发现你可以获得金钱的时候,你就会明白"贫穷"不是宿命,而是一种精神状态,是因为缺少文化、自信及动机。

> 见证人说:"我读书,但很快翻页。我姐姐长时间地维持以下状况:3个孩子,没有工作,老公只拿到最低工资,20年内积攒了3万欧元。我现在明白了,她现在为自己而工作,她有很多钱,也很能干。"(安娜M.,瑞士人,《人人都能成为有钱人》的读者)

请由衷地相信自己有能力获得所需要的知识,去挣更多的钱,这和你的智商无关。你应该学习如何利用你的钱,去探索那些富人们是如何支配金钱的。这是你的首要财富。接下来就要采取行动。

不可否认,女人们在这一方面有着更多的便利,她们很容易明白自己的无知,并且随时准备学习,寻求帮助或者提问以掌握更多的必要知识。而男人,自负、大男子主义、讨厌征求意见、害怕被划入无知之列。

没有人愿意拥有劣等情结。我向你保证,读了这本书以后,你可以和很多男人相抗衡,甚至超越他们(在某种程度上讲,也包括你的银行家)。请明白,我的目的并不是说要和男人竞争,而是如何更好地利用自己现有的钱。

你认为什么是"富有"

你未来的经济生活并不是用数据来计算,而是主要考虑价值的期限。如果要给"富有"一个含义,那就应该给生活一个含义,先要享受到富有的生活,才有可能变成富人。因此,首先,你应该懂得金钱对你来说意味着什么,为什么你想在致富这条路上一直走下去。从这点出发,你应该设立一些具体的、现实的目标,然后对你和你的金钱做出正确的决定。

因此,首先要决定的是,你为什么想变得富有。你有钱是要用来买衣服,填充你的衣橱,还是要逛遍所有的名牌店呢?你是想拥有富有的幸福感觉,然后帮助其他人,还是为了一种保障,不想为将来的生活担忧呢?

金钱可以满足你这些要求,可以为你带来财富,但请你还是先想清楚:你为什么想变富?金钱不是自我的结束,而是达到目的的工具。这个阶段是最基础的,你可以决定自己的未来是什么样的,你可以为了实现自我价值而对金钱采取某些措施。相反的情况下,几乎没有机会让你找到幸福。

当你发现对你来说最重要的事情是什么的时候,你就会停止浪费你的金钱,浪费时间与精力在某些事情上是不值得的,这是通向富有及精神平静的第一步。知道为什么做这些事情,也就是和幸运站在一边,因为,如果你不明白自己要去哪里,那你永远都到不了想去的地方。

为了帮助你明确自己的目的,有两个问题必须要回答。第一个和你对金钱采取的行为及利用方式有关:"你认为你的行为真正地和你的价值及你所期待的东西一致吗?"

我们通过教育、媒体及消费市场接收到的那些条条框框的限制,致使我们更多的时候表达想法用到"似乎"而不是"就是"。"似乎"引起的忧虑在金融计划以及个人发展和自尊方面,代价比较大。因为,似乎的事情经常会让我们花费更多。甚至为了拥有手表、汽车、电话、包、鞋,有时还为了和他人攀比,加入某个派别而使自己债台高筑。

我再重复一遍我的问题:你认为什么东西最重要?是你的生活保障及未来的经济,还是你的鞋?你有什么优先权?对你来说,一个月内,同一件裙子穿了两次很丢脸吗?

这些问题的目的是让你明白你的钱首先应该为了达到你的目标而使用,而不是花费在那些无关紧要的事情上。因此,如果你的首要任务是给孩子付教育费用,而你却用来填充自己的衣柜,那你就不懂因果效应。

第二个问题和你支配金钱所产生的价值有关。这些价值是你的个性及渴望的生活方式的反映。如果你希望自己富有,很多时候是因为你有目标,有自由的梦想,有泰然的心态,或是共享的追求。

因此,我们就这个问题询问过很多女人,最常见的回答是:

独立

保障

享乐

这些渴望及她们的现实状况使我们对她们目标的物质想法有了直观的印象。

独立:还信用卡;不依赖任何人,按照自己的想法自由消费;不从属于任何人。

保障:买房子;支付孩子的教育费用;照顾我的父母;不为未来担忧。

享乐:旅游;分享;给予。

现在轮到你说你想要什么、想做什么了。也许你的梦想和以上列举的都不一样,一定要把它们落实到纸上。如果你不采取任何行动,它们在你的脑子里仅限于一个影像、一首歌曲或一种味道。因此,首先要做的,我建议你把自己的目标写在下面这个表上:

写在前面

> 我想变得富有是为了：
>
> 1. _____
> 2. _____
> 3. _____

现在，请回答这本书中最重要的一个问题：你要怎么做来达到目的？请花时间好好考虑一下如何回答这个问题，在确定答案之前，请不要翻过此页。我没有任何企图地讲：你未来的经济以及金钱所带来的满足都依赖于真诚地回答这个问题。

我再重复一下这个问题：你想怎么做去达到或者接近你的目的并且（或者）实现你致富的梦想？

> 我采取以下做法来实现我的目的：
>
> _____
>
> _____
>
> _____

如果你不知道如何回答这个问题，请不要担心，这很正常，你不是唯一不知道如何回答的人（也许这就是你买这本书的原因）。为了明白其他人是如何改善她们的经济状况的，直至改变生活的，你可以问你的朋友同样的问题，并倾听她们的回答。

如果她们不能清晰地回答这个问题，也许是因为她们本就

没有什么目标。而这种情况是很少见的。最常见的情况是,因为他们不知道如何列出答案,或是她们并不真正明白自己想要什么,或是就目前她们的经济状况来说,她们对钱没有什么要求。

在这本书里你可以学到的东西

最后,为了帮助你达到自己的目标,我建议你探寻一下自己能够做哪些事情:

- 挣更多的钱。
- 找回购买力,继续享乐。
- 对金钱进行投资,带给你比存折多 2~3 倍的回报。
- 保障自己的未来经济,最终解决月末所有的问题。
- 对你及亲人做出最恰当的决定。

为了避免无用的希望引起的忧虑,你应该明白这本书中找不到的东西。如下:

- 一个可以帮你解决任何金钱困难的迷人王子。
- 彩票号码。
- 让你两周内变成百万富翁的魔法公式。

读完这本书,我向你保证,你将不再对自己、对你的金钱、你的生活保障及你的将来而担忧。给你两个小时来阅读此书,你

写在前面

就会知道应该怎么来支配你的钱财了。

详情:本书中所有的数据均以平均工资为基础,每月1800欧元。为了和你的情形相对应,请按照你的收入来计算,翻倍或两倍。最终目的是向大家展示,普通的工资就可以给你带来经济上的自由,而你唯一要做的就是经济学知识的基础,以便更好地把握自己所采取的行为。

在接下来的内容中,你可以看到不同的故事,还有一些女人的成功案例,她们依靠良好的金钱利用方式改变了自己的生活。我希望这些有助于帮助大家明白,你很有可能获得更多的东西及钱财。

为了阅读的时候生动活泼,这本书采取了谈话的形式,我有机会接触到为生活所迫的女性如何改变了她们自身及亲人们的生活,摘选了不同的谈话内容给大家讲述。你还可以找到一些附加的材料,可以在我的网站上下载,链接如下:www.toutlemondemeritedetreriche.com/envoi_infos/tlf.htm,更多的塞邦理财资讯,请登录塞邦中文博客下载资料及参加互动。

最后,再次感谢帮助我完成此书的女士们,尤其是:Sylvie, Séverine, Tine et Valérie,《当女人醒来的时候》。Albin Michel,这本书的作者。

准备好了吗?

第一章
成功的两个秘密

第一章

成功的两个秘密

女士们,大家好!首先我想问你们一个问题:你们知不知道怎样成功并且成为有钱人呢?

(笑)"嫁给百万富翁。"

不要告诉我你们还相信这种陈词滥调,现代女性都应该靠自己生活,如果你们还在等待所谓的白马王子来拯救你们,恐怕你们的关系也不会持续很久。

"中彩票。"

百万欧元(Euromillion)彩票的中奖率是七千六百万分之一,而中大奖的几率就更小了。不过如果不去碰碰运气的话,恐怕连赢的机会都没有。

"出名。"

名气并不是财富的保证,例如一些昙花一现的作家和歌手,他们拥有的名气反而比金钱要多得多。况且媒体向我们"推

销"的遥不可及的梦想不是每个人都可以达到的。我认为媒体上整天鼓吹的大量财富故事对人们实现财富自由没有任何帮助,反而产生了负面效果。

要想致富,你们首先应该改变固有的观念和想法,相信自己,不要受电视节目的影响。一旦你相信了他们所宣传的不切实际的梦想,你就会一直活在幻想里,直到有一天你发现那个梦想永远也无法实现。甚至你会什么也不做,只是期待好运有一天会降临在你的头上。

为了实现致富目标,你们应该向在你们之前已经取得成功的人学习。我所指的成功人士并非电视里面的百万富翁,而是你们日常生活中经常碰到的男人和女人,他们也都希望能过更好的生活。他们可能是你的家人、朋友、同事,也可能是跟你在同一个健身中心锻炼的人。他们都是真实的例子。

现在,你们唯一应该相信的财富梦想就是,为自己和家人创造的一个有保障的未来。要知道,如果你可以正确支配你的资产,你将很容易地赚到数十万欧元,这是一个人人都该意识到的事实。

"但是要想赚到这么多钱,除非是本来就已经很有钱的人,或者做投资的人,他们每年能获得10%的利润。否则根本不可能做到。也许您也像电视里说的一样:向我们推销不切实际的财富梦想和不存在的投资方式。拿我来说,银行理财师给我推荐的最好的投资只有4%的利润,他说其他的不适合我。"

第一章
成功的两个秘密

如果你给我几分钟的时间,你就会发现你首先需要做的就是拥有致富的意愿和学会如何更好地支配你的资金。那么你的银行理财师说"这不适合您"是什么意思呢?

"他说,要想每年获得10%的利润就只有去买股票,然而股票不够稳定,亏本的风险很大。"

如果你让别人帮你决定什么是好的什么是坏的,那么你就把你的命运交到了别人的手里,而主动放弃了你可能会获得的好处。那样的话,你未来的经济状况的好坏就只能取决于你的银行理财师的能力、时间以及他所付出的精力。然而大多数自称为理财师的人懂得的金融知识可能还没有你们多呢,他们只会向你们推销理财产品,让你们在他们那里开个账户,但是连他们自己也不知道那些理财产品是否可以赚钱,更不知道怎么帮助客户正确投资他们的资金。另外,如果有一天你的理财师给你推荐一个公司的股票,你要问他自己是否也买了那个公司的股票,还有他是否经过了领导的同意。如果他自己也买了,你就可以放心地按照他的建议进行投资了。

> **案例:** "太棒了!我是一名理财师,祝贺您的著作取得了成功。您书中所教授的'黄金法则'应该让所有的在校学生和银行理财师都来学习。谢谢。"(菲利普·G,《人人都能成为有钱人》的读者)

"您是说我的银行理财师自己也不知道怎么投资他的钱?"

请问你记得上一次去银行办理业务的时候,你的理财师看起来比你更富有吗?理财师跟你我一样,都是普通人,他们的生活也有所束缚,只是他们懂得的投资知识稍微比我们多了一些。由于他们代表了银行,所以当我们需要请教投资方面的意见时才会第一时间想起他们。但是,这并不代表他们所提的建议总是正确的,会对你的投资有什么帮助。

第一个秘密:学习你不懂的知识

在告诉你们致富的第一个秘密之前,我想再重新问你们一遍:你们知道怎么做才能致富吗?

"不知道。要是知道的话,我早就去做了。"

这看起来有些不可思议,你回答"不知道"证明你已经知道该怎么做了。

"!!??"

你承认自己没有成为有钱人因为你不知道应该怎么做,方法很简单:学习你不懂的知识!这就是致富的秘密,要想致富你就应该去学习达成这个目标的方法。

好消息是,所有女人都能学会致富的方法。你不必去把头发染成金色,使自己比别人更漂亮、更聪明,只要你学会盘活自己的钱，使它能更好地为你所用，让你的生活更加舒适。这就是有钱人的秘密：他们对金钱的理解比别人更多。

富人之所以有钱是因为他们对金钱的理解比别人多！

"所以我们应该先有本钱才行！"

错。致富的秘密与你的银行存款和工资多少没有任何关系，这一点你们要记在脑子里。记住这一点你就可以掌握致富的秘密，并能够将它付诸实践，并把这个秘密告诉你的孩子们。即使你每个月的工资只有1000欧元。

要想成功致富你们就要学习有钱人的做法，所以你第一笔投资就应该是你自己。给自己报名参加培训课程，充实自己的知识。因为如果没有知识，你怎么能够达到你所期待的目标呢？

"您说得太容易了，要是这么简单就能致富的话，那全世界的人都是富翁了。"

让我感到惊讶和困惑的是，大多数人都认为我说的方法太过普通且容易做到了，他们并不觉得这是个有效的方法，而且认为要想达到预期的结果必须要忍受很多痛苦。况且他们知道了方法后却不能保证他们会有所行动。

导致这个结果的原因有很多，往往是人们的心理障碍、固有

思想，或者是周围朋友或同事的影响，让你逐渐失去了信心。这些女性认为她们不可能成功，或者她们缺乏改变的勇气和意愿。最终，她们表现出了忧虑，并试图劝阻你不要再觊觎别人的成功，而不得不承认她们自己缺乏意志，来面对失败的结果。

我向你们保证，在致富的过程中不需要承受什么痛苦，甚至比减肥要容易得多，它会给你的生活带来许多美好的变化。但是要想成功致富你们就要学习所有不懂的知识，还应该改变你们的一些习惯。这是成功的第二个秘密。

知识的匮乏是阻碍我们前进的绊脚石。

第二个秘密：你的习惯决定了你是怎样的人

无论是饮食习惯、爱好还是消费习惯，这些都决定了我们的生活方式。我们的行为习惯创造了我们的过去、现在还有未来，影响了我们生活的方方面面，行为习惯的好与坏对我们起着很重要的作用。因此，好习惯可以使我们取得成功，让我们快乐，而坏习惯则是一切问题与痛苦的根源。

第二个好消息是：只要尝试去做，你们可以拥有一切好的习惯！如果你的行为习惯不是很好，没有关系，你可以尝试去发现、理解并掌握那些好习惯，然后去适应它们。假如这个习惯对你并不合适,那么就去尝试新的,直到它使你的生活得到改善为止。

"习惯是一种实践,如果一直重复这个习惯,最后它就变成了人类。"(古希腊智者厄尔努斯 Evenus)

另外我们需要认识到的是,好的习惯很难养成,但却对生活有益,无论在物质层面还是在心理层面,因为好习惯能真正为我们带来好处。

相反,坏习惯很容易养成,它总是在我们缺乏意志、贪图安逸的时候悄悄地来到了我们身边。坏习惯具有破坏性,会影响我们的生活质量。因此,假如你没有存钱的习惯,将来就会忍受从未预料到的后果。而你的经济状况直接影响着你和你的家人的生活质量。

如果你有存钱的习惯,每个月系统地把一小部分钱存起来,那么当你遇到困难的时候,也许你的生活受到的影响就会小一些。

无论是好习惯还是坏习惯,都会对我们的生活和行为产生影响。改变习惯,生活也会随之而改变。所以,养成好的理财习惯能帮你尽快实现财务自由。培养可以让你赚10万欧元的习惯你将有10万欧元,如果养成坏的习惯,你将什么也得不到。

就是这么简单。

现在开始培养好的理财习惯,它将帮你解决所有有关金钱方面的问题,建立你自己的财富基金。

第二章
虽然你不能买下所有喜欢的东西，但你可以拥有更多

花钱就像吃巧克力
不必一次吃光

第二章
虽然你不能买下所有喜欢的东西,但你可以拥有更多

本章是这本书中最重要的一章,如果你们只有很短的时间读这本书的话,那么请阅读本章。本章所包含的意见和建议对你们会有所启发,我保证看完之后你们将不会再有关于金钱方面的问题了。

我们的银行账户就是一个装满巧克力的盒子

我还有一个问题要问你们:你们有没有想过怎样管理你们的钱,好让未来衣食无忧呢?

"我会尝试把钱用来投资,这样挣的钱要比存在银行里的利息多。"

从理论上讲,你已经对这个问题有了一个想法。但是你是说"我会尝试投资",我是否可以理解成你还没有开始投资呢?如果是的话,为什么呢?

"一方面是因为我没有时间,另一方面,我没有多余的钱拿来投资。"

可是你有工资啊!

"是的,但我的收入不够用来投资的。"

你的意思是什么?

"我工作10年了,到现在还没有钱可以拿来投资,如果我每月能多挣2000欧元的话,我就有钱去投资了。但是,到目前为止,我的钱都花在日常的开销上了。"

但在过去10年里,你的收入已经增加了。

"是的。"

那些收入花在哪里了呢?

"和以前一样,日常开销。"

但是你刚才告诉我,如果你能涨工资的话,你就有机会投资了。

"是的,可是当我发了奖金以后就想去消遣一下,就这样,日常开销不断增加。我还要养活孩子、支付房租、买食品,再加上交通费、度假花费等等。"

我想你一年到头都在工作,为了能够涨工资来支付日常开销,你在很努力地工作着,而丝毫没有考虑到自己,对吗?也就是说,你首先把钱用来交房租、汽油费、电话费和购物,从来没有给自己存一些钱!你不觉得,如果涨工资没能使你变得富有,那一定是其他地方出了问题?

相信我,赚更多的钱甚至是赚很多的钱,也不能保证你会很富有,不能使你的未来有所保障。这主要是因为我们总是想花钱,有时甚至花的钱比我们挣的钱还要多。

问题不在于我们挣多少钱,而是我们都是月光族。

我们的银行账户就像一个装满巧克力的盒子,只要盒子里面还有一颗巧克力,我们也要拿出来,直到盒子空了为止。巧克力盒子空了与它的体积大小有直接关系吗?没有关系,只要我们没有消化问题就不会停止(某些人还需要核实这个问题……)。那么,你会为了保留几颗巧克力而降低生活质量或少得到些快乐吗?

以弗洛朗·巴尼为例,他曾在电视节目里承认说,在20世纪80年代(他出现财政问题之前)的时候,因为自己挥霍过度而只能睡在汽车里。为什么会这样呢?原因只有一个:他不懂理财,没有节制地乱花钱。所以,你们没必要出名或者挣几百万来得到像他一样的结果。

除了一些特殊的情况外,大多数人都因为无节制的消费而使自己陷入窘境。他们或者成为卡奴,或者被商家的促销广告诱惑去花钱。他们为了得到什么呢?为了花更多钱,为了使自

己看起来更像有钱人。

许多人在理财上失败的主要原因,不是因为他们收入少或者因为他们不是名人,而是他们错误的消费习惯造成的。虽然这个原因有目共睹,包括那些遇到经济问题的人也都清楚,但有些人仍然无法自拔,继续着他们的消费习惯。刷卡、还款……偿还以前的贷款(经常发生在负债过多的人身上)。

不要再到处观望,试图寻找什么神奇的致富公式。导致人们不能富裕、对未来缺乏安全感的主要原因就是过度消费,如果你总是花的钱比挣的钱多,你将永远不能摆脱负债,于是你从每个月15号就开始紧张、焦虑,最后将导致你变成穷人甚至一无所有。

很显然,不能完全按照自己的意愿消费这个观点很让人难过,但是如果你不能心安理得地消费,不能保证财务平衡,你就等于没有钱消费。

"我猜您一定有办法……"

无论你是一位著名的艺术家或者是一位普通的女性,实现独立和财务自由的秘诀就是:

先存钱

"先存钱是什么意思?"

先存钱是指在考虑别的事情以前,你应该先想到自己。你挣的钱应该首先用来保障你和家人的基本生活,而不是用来做其他的事情。

所以,每个月领完薪水后,**你应该把一部分钱先拿出来,再用剩下的钱支付其他的东西。**

"坦白地说,我不在乎别人花了我的钱,只要我有足够的钱来支付账单和消费就行。可是我不明白为什么我要去过节衣缩食的生活。更不明白的是我一直在存钱,可是我还是没有成为有钱人。"

虽然我完全理解你的观点,但是先存钱并不等于你就要节衣缩食地过日子,你会看到其实这么做非常容易。但是我要先问你一个问题:你是否仔细想过,当你遇到困难的时候,你存的钱能够帮助你解决问题吗?

幸福和金钱

尽管所有的罪恶都归咎于金钱,但是金钱却可以创造你和家人的未来。金钱帮你度过艰难时刻,让你的父母平安度过老年生活,为你的孩子提供教育并保障你日常生活的舒适与安稳。这是你的财富表现的第一种形式,财富还可以帮你开启通往幸福的大门。

金钱可以为你提供自由选择的余地，浪费金钱则会让你的选择权随之而消失。

"我不同意您上面所说的观点，金钱和幸福没有任何关系。我认为幸福是金钱买不到的东西，比如健康、爱情、尊严。如果说金钱可以创造幸福，那么金钱可以买来任何东西了。"

的确，你所说的健康、爱情和尊严是幸福生活的基本要素，但是这些都取决于你是一个怎样的人，而不是取决于你所拥有的东西。假如你消费不是因为对幸福生活的憧憬，那么你可以拥有全世界的钱而变成世界上最不幸的女人。

我所指的幸福与你的生活质量和你创造幸福的能力有关，并且如果有人认为这不是影响幸福发展的因素，我会反驳他们的观点。

同样，如果你没有足够的经济能力，你也就没有能力照顾和帮助你所珍惜的人。我给你们举个例子：我想你最关心的就是你所爱的人的健康，假如有一天你的孩子遭遇不测，成了残障人士，你难道不会花掉你的钱为他做最好的治疗吗？

认为金钱不能买来幸福，只是懒惰者的托词和没有梦想的人的借口。当然我也同意金钱不是创造幸福的唯一途径。

如果你们同意金钱可以创造并维持幸福生活，那么为什么不开始行动呢？让你们的生活更幸福、更安定。

第二章
虽然你不能买下所有喜欢的东西,但你可以拥有更多

"我同意您的观点,但是要存钱首先要有工资才行,但是就像我姐姐,她在家照顾孩子,丈夫出去工作挣钱,她没有办法存钱啊。"

储蓄不是要从家里的生活费里面抽取,而是从改变家庭的消费方式中节省出来。家庭主妇负责全家的日常开销,她们的丈夫65%~80%的收入都由她们掌管,所以她们有许多机会展示她们在理财方面的天赋。

我告诉你们一个很简单的道理,你们就明白为什么你的家庭需要储蓄:如果你选择做一名家庭主妇,你的丈夫也希望你这么做,那么你在经济方面就不能完全独立,而要依靠你的丈夫。如果是这样,你就更应该积累一些财产为将来做打算。如果有一天你跟你的丈夫离婚了,到时候你不论分到50 100欧元的一半还是30万欧元的一半,总比分不到一分钱要好!

分手的时候拿到十万欧元的一半总比什么也得不到要好。

现在我们来说说你的情况:你说你一直在存钱,已经持续几年的时间了,可是你仍然不富裕。你能告诉我们你的存钱方式吗?

"就像我讲过的,我先把钱用在支付所有的生活开支上,到

月底的时候,如果还有剩余,我就把钱存起来。"

每年存几次呢?

"每年差不多存两到三次,一共存了200欧元。但当我需要用钱的时候,我会把钱取出来。"

你觉得工作一年什么都没攒下正常吗?假设你每月都从工资里固定取出200欧元存起来的话,那么现在你会有多少钱呢?

"这很容易计算。10年的时间我能存24 000欧元。"

事实上,你可能会有更多的钱,根据投资方式的不同(利率分别是5%和10%),大约是35 801欧元~48 922欧元之间。有关投资的具体内容我们后面会讲到。目前你要记住的就是,如果不储蓄你永远也不能积累财富。如果你到月底的时候没有剩余一点钱,你可能有比你的未来更重要的事情要做。

> "如果到月底的时候你把钱都花光了,可能是因为你有比你和家人的未来更重要的事情要做。"(巴里克 L. Patrick L)

换句话说,你先把钱都花在支付房租、油费、超市和娱乐等上面了,很巧的是你还有一些剩余,然后你可能会想起来存钱。我把这称为"最后储蓄",或者更讽刺地解释为:"我把钱先给别人花了,而我自己……可能还能剩点给我自己。"

第二章

虽然你不能买下所有喜欢的东西,但你可以拥有更多

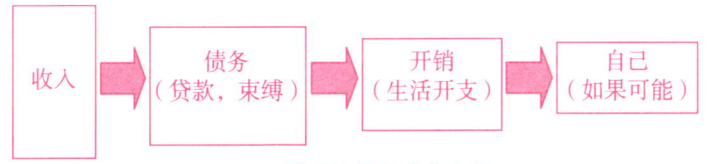

图1 最后储蓄的消费方式

如果你是这么做的(如图1所示),那么你就不要为没有银行存款而感到奇怪,这也是为什么许多人在遇到意外情况时,必须节衣缩食地生活的原因了。

要想开始积累财富,你首先应该清楚自己想要的是什么。如果你认为别人比你自己重要,那么你只能最后储蓄。如果你认为自己更有权利支配你的钱的话,那么就要先给自己存钱,把上面的过程倒过来做。

你有权支配你的钱。如果你认为别人比你更应该享用你的钱,那么就把钱送给他们吧。

图2显示的是正确的消费方式。如果你把自己放在第一位,你就有优先权和富余的钱来决定你接下来的消费。

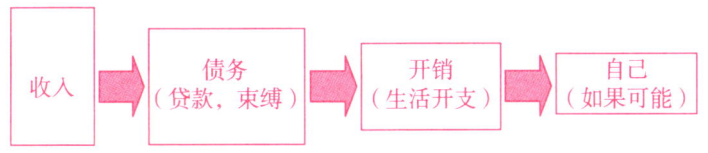

图2 先为自己存钱的消费方式

"您建议我先存多少钱呢?"

这取决于你的雄心和目标,一般都会存工资的 10%,这比较容易做到。

"可是欧利维埃,我们的处境完全不同。我同意您的观点并且承认这是个非常棒的方式,可是我没办法把 10% 的工资先储存起来。您对我的生活一点儿也不了解,每个月月初我都要支付所有的开销,我知道还能剩下多少钱。除非您告诉我怎样挣更多的钱,否则我实在不知道怎么才能削减消费,拿出 10% 存起来。"

从理论上讲,大多数人都赞同先存钱这个概念。但是在现实生活中,很少有人这样去做,即使他们同意这种方式,但他们总是先去找各种阻碍因素,却忘记了他们还有 90% 可以拿来消费!

在向你解释你比自己想象的更富有之前,我想再问你一个问题:如果明天你的老板跟你说公司遇到了困难,必须进行调整,他给你两个选择:失业或者降低 10% 的薪水。你会怎么选择?

"我会选择降低薪水。"

你会感到不安吗?你会感到非常失落,进而导致早上不想起床工作吗?

"不会。我会很生气,但是我还是会按时起床去上班。"

第二章
虽然你不能买下所有喜欢的东西,但你可以拥有更多

很好。那么你会还不起贷款或者付不起房租吗?

"不会。"

非常好。我们看到降低 10% 的工资并没有阻止你继续工作,也没有让你失去房子。至于你的丈夫,他会因此而离开你吗?你的孩子们会开始讨厌你吗?

"他们当然不会那么做。"

既然你的丈夫、孩子和银行贷款都不会给你造成任何问题,那么还有什么能阻碍你先把一部分钱存起来呢?也许是逛街、电子购物、你的小狗或者邻居!

要想让你的钱为你工作,而不是受到它的束缚,就要明白不应该把钱先用来支付别人给你的账单上面。你的钱是用来帮你过上更好的生活,为你的将来提供保障,支付日常开销以外的东西的。为了避免掉入巧克力盒子的陷阱,你们应该先为自己存钱。

你的钱是用来使你生活得更好,不应该让别人赚走。

不要总认为应该牺牲自己的利益。大多数情况下,你们只需要改变你们潜意识里的消费习惯,并重新审视一下自己的消费方式。

现在你们唯一要做的就是问自己:"怎么做才能先存钱而

不改变正常的生活呢?"现在就开始问自己,我相信你们在几秒钟之后就能找到好几个答案。

另外,在生活中存在两种行为:应激或者预判。应激可以解释为:你对一件事情的反应,例如减薪或者失业。如果你提前没有做经济和思想上的准备,为了填补这个损失,你不得不忍受它所带来的后果。

相反,预判就更加刺激,而且承受更少的痛苦。你可以自己做决定,而不是被动地去接受。

如果你决定或者认为自己无法做到先储蓄,那么你就只能接受生活强加给你的一切。但是假如你积累了财富以备不时之需,你将会自己掌控生活,创造更加宁静的未来生活。

现在开始审视一下你们的消费方式吧,我肯定有些人会有惊奇的发现。

第三章
你比自己想象得更富有

第三章
你比自己想象得更富有

无论你挣多少钱,无论你用何种方式挣钱,你都已经拥有支付生活必需品的钱。其次,这和你挣多少钱无关,而是和你的消费习惯以及用钱的方式有关。

解决方法很简单:学会控制你的消费。区分出有用的、无用的和首要的消费,那么一切就会井然有序了。你可以轻松地支付自己的生活必需品,提升自己的购买力,并且为愉悦的可持续性的未来消费提供保障。

你曾说过,对你来说有规律地储蓄不太可能,因为你挣的钱全部用在生活花销上了,没有多余的钱存起来。为了帮你实现目标,我给你推荐一个小小的财务年度计划。

告诉我你一早到办公室需要做的事情。我想你会先喝杯咖啡。

"是的。"

你在哪里喝咖啡呢?

"一般不会在办公室的咖啡机那里喝,那令人感到厌烦。"

那么你会在街上的咖啡馆里喝,为此花费多少钱呢?

"1.5欧元。"

你只喝一杯咖啡吗?还是会点一些其他的东西?

"我经常还吃一块蛋糕。"

蛋糕要花多少钱呢?

"1欧元。"

到目前为止,如果我没有算错的话,你每天早晨会花费2.5欧元左右。我们继续谈。喝咖啡的时候,你会抽烟吗?

"呃,是的。"

只抽一支吗?

"通常是两支。"

好的,如果我们按照一盒烟5欧元来计算,两支烟也就是0.5欧元。那么,每天早晨,一天的工作还没有开始之前,你已经花了3欧元了。你每天只喝一杯咖啡吗?

"不,我还会和同事一起在午餐后,或者下午再喝一到两杯。"

我们就当你只喝一杯吧,然后吸两支烟,对吗?

"是的。"

那么我们就可以认为你一天至少花费6欧元,还不算你在工作之余喝的咖啡。让我们继续来说烟,你一天抽多少?

"大概一盒。"

不计工作之余抽的 4 支烟，加上咖啡，我们算出每天消费 10 欧元。按 30 天计算，将是每月 300 欧元。因此，如果你每月挣 1800 欧元，你花费了 16% 的工资在咖啡、糕点、烟等方面。也就是说，如果你每天只喝一杯咖啡、抽 4 支烟，你将每月节约 135 欧元，一年也就省下了 1620 欧元。任务不可能完成吗？

也许你认为这个案例不适用于你，觉得有些夸张，因为你没有工作，你是一名家庭主妇，抑或你不抽烟。我再问你个问题：你每天要打多少个电话，使用手机而不是使用固定电话？同一件事情，你会发多少遍短信？多少次，你明明可以走路，却还是要开车？多少次，你明明可以通过电话解决的事情，却还是要亲自去一趟？多少次，你做了很多饭菜，却都没有吃完而倒进了垃圾桶，只是因为你的孩子不想再吃剩下的？

日常生活中，我们时常把钱花费在一些无谓的小事上面。即使我们知道这些消费不是很合理，但由于对它产生的影响没有一个明确的概念，我们更倾向于低估或者忽视那些反面的影响。你们仔细观察一下自己或其他人，就会发现有几十种节约的方式，尤其是这些方式丝毫不会改变你的生活方式。

你还要一直煲电话喝咖啡吗

尽管在每天的生活中浪费一点金钱是不可避免的，但却不

是必需的。合理地花费,可以让你节省出一笔财富,并且确保将来的经济生活,而这并不会改变你生活方式。

为了达到目标,你必须严格要求自己,不能接受比以前拥有的东西要少。重新思考自己做事的方式,让自己如何花费最少的钱,达到同样的目的,或者花费同样的钱,买到更多的东西。我保证你总能找到解决的办法。

我并不是告诉你早上不要再喝咖啡或者不要再抽烟了(不用我告诉你,你也知道吸烟有害健康)。你甚至不需要为这些细节而感到不安。不管你是困难户,还是"月光"一族,你都应该做个选择:是把钱花费在咖啡、煲电话、烟、无用的事物上,随便乱花,不计对生活产生的影响,还是考虑将来,考虑你自己的以及家人的经济保障而进行合理花费。这是你的决定以及你选择的生活。

在这里,我试图给大家讲解的是:

人人都可以在不改变生活方式的前提下,通过改变消费习惯而致富。

"我同意您的观点,但是,所有周围的这些琐碎的事情构成了快乐生活的一部分,我们不能为省去这些而牺牲快乐生活。"

目的不是做出牺牲,而是做出选择,以便更好地使你的钱得到利用。我们姑且认为喝咖啡是一种乐趣,那么打电话呢?你打电话给你最好的朋友,打他的固定电话比打他的手机得到更多(或者更少)的快乐吗？离开房间的时候关灯,让你损失快乐了吗？如果不看电视的话,让它处于关闭状态就比让它亮一晚上的利用率低吗？或者选择只有二十几个台的卫星频道,但却从来不看,难道就比选择更便宜的五十几个台的普通频道电视的利用率更高吗？

想要变得富有,就不要成为一个吸烟者

烟意味着什么呢？我们大家都知道吸烟有害健康(24%的癌症都是吸烟引起的)。更不要说会令你周围不吸烟的人感到厌烦。但是,有人说吸烟是他们生活中的一种乐趣。大部分烟民声称饭后一支烟,赛过活神仙。也就是说每天两支烟。另外有些人机械地抽烟,毫无规律性可言。如果是后者的话,为什么只抽一盒烟呢？开玩笑地说,我想告诉你:"请更专注于你的快乐时光,每天只抽两支烟,让自己变成有钱人！"

我知道戒烟需要动力。如果你认为你的健康以及经济保障是一个推动因素的话,请继续阅读以下内容。一位女士每天抽一盒价值5.3欧元的烟(以2008年1月1日起每盒烟的平均价格,每年上涨幅度3%计算),30年后,她将花费至少94 658欧元(巴黎一所单间公寓的价格),或者说,你要想变得富有,只要不

吸烟,你每天可以节约5欧元。再明确一点,你会发现你的钱就这样溜走了,什么也没给你留下。

这还不算完。如果你把这笔钱用来抽烟而不是以每年5%的比例进行投资,你将永远也见不到243 036欧元(一所房子的价格),这些钱就是这样被你抽为灰烬了!

你手里总是拿着烟吗?好的。知道吗,同样的钱,按照8%的比例进行投资,同样时间内,你就拥有了447 098欧元!每天5.3欧元或者再注意日常花费的方式,50万欧元很容易地就会节省出来。

再没有比日常支出更能浪费我们的钱了。每月循环支出的花销就是节约的源头。例如:大量你已不再阅读的杂志、不常出入的健身房的费用、无用的保险、高价买到的东西或者双倍支出的费用,等等。

> 如何在不改变生活方式的前提下,避免浪费钱财,下载更多信息,请登录:
>
> www.toutlemondemeritedetreriche.com/envoi_infos/tlf.htm,更多的塞邦理财资讯,请登录塞邦中文博客下载相关资料。

坦诚地讲,你是否认为我刚说的方法会改变你的生活,抑或让你的快乐有所减少?你是否认为关注你的钱以及如何支配手

第三章
你比自己想象得更富有

里的财富让你降低了享受生活的标准?

你应该相信,如果不关注你花费金钱的方式,你将被局限在这样一种生活状态中,那就是除了一直为那些对你毫无用途的发票进行支付,你无事可做,而这些对你的生活不会有任何帮助,或者说不会为你带来任何好处。如果你保持这样的生活状态,你将一直入不敷出。因此,如果从不为自己打算,那么也就不会为自己的将来以及经济保障而着想。

> "我对您的书真的是很感兴趣,它让我有种顿悟的感觉。这是我有生以来第一次觉得寻找节约的方法令人如此开心。请相信,我曾身陷灾难性的生活状态之中。"
>
> (Corinne G,《人人都能成为有钱人》一书的读者)

让你的消费合理化,你将毫无困难地拿出收入的10%用来支付生活必需品。越是遵循这种规则,就越能找到节约的方法,也就越来越能发现生活得到了改善。从经济上来说,你的银行里有了越来越多的存款;从心理上来说,你对未来没有那么担忧了。

我再次重申,改变你们的消费习惯,你们的生活也会随之而改变。

现在,你知道如果有能力把15%或20%的收入先存起来,将发生哪些事情了吧?

女人都能成为**有钱人**

被洗脑还是用五秒钟改变你的银行账户

女士们,你们是社会的首要目标消费人群,主要是因为你们管理着家庭中大部分商品的采购,从丈夫的袜子到孩子的玩具,再到猫食。所有的消费品都在诱惑你,尤其是你的钱。

我们的社会就是为了让人们多消费。你会不时地瞄一眼服饰店、橱窗以及广告信息,所有这些都激起你的购买欲,让你不自觉地把手伸向自己的腰包。

> 我们出售给可口可乐的,是人的脑力时间。(前法国电视一台TF1的总裁巴里克·莱利)

尽管我们认为自己有能力远离那些广告的诱惑,却摆脱不了每天被这个消费社会不间断地骚扰而洗脑的可能。我们无法避免地看到那些广告商散发出的各式各样的信息以及不断发明出新的需要。

为了拿走你的钱,各种各样的借口都有可行性。为了讨好你,售货员说你背上那些包,带上饰品等小玩意儿,你会更加漂亮;为了向你兜售减肥产品,不惜让你产生罪恶感。一切行为都是被允许的。

你是否相信消费越多就越感到幸福呢?你是否会因为你花

费了太多的钱在并无真正用处的事物上而强迫自己产生幸福感呢?

> "快乐是让我们追求去拥有许多东西,这给了我们追求其他东西的欲望。于是我们相信幸福就是拥有装得满满的衣橱。我们的幼稚多么可笑。因为多愁善感的人们,我们渴望理想,由星星、迷雾吸引过来(的理想),这么多非商业的东西。"(艾伦·苏松:《多愁善感的人们》)

我们为什么花钱?

如果你试图无节制地花钱,那么请问问你自己为什么要把钱包拿在手里。明确了原因,你才能够避免那些无用的消费,以此帮助你更好地利用你的金钱。

我给大家列举一些我们消费的理由。也许你对它们之中的某一个感到似曾相识。

- **因为我们无事可做**。你没有碰到过这种情况吗?你的朋友打电话给你说:"你今天下午干什么?我要去逛街。你和我一起去吗?"

- **因为我们的银行账户里有钱(巧克力盒子综合症)**。我们花钱是因为我们知道工资就存在银行账户里。反之,为了

与那盒巧克力对比,假如有另一盒放在柜子的最里面,如果我们没看到它,那么那个盒子将永远放在那里。

- **欲望**。我们生活在一个不断发展的社会之中,不停地徘徊在无止境的购物梦及工资的现实之中。欲望的价格各不相同,然而所有的东西都值得购买吗?

"同意您的观点,但是,购物确实可以让人感到愉快。如果我听您的,就不应该再出门,应该关闭电视。不久,您就会对我说为了省电,应该生活在黑暗中。但这未免也太吝啬了吧。"

尽情享用你的金钱吧,我向你强烈建议。否则,你将会悲观地认为自己只有呼吸的权利。但是,请务必区分开什么能给你带来真正的乐趣并丰富你的生活,什么对你来说毫无用处。

对于那些吝啬的人群来说,他们只会按照自己的方式生活。他们只有在被迫的情况下,才去花钱。他们只爱他们自己,不想把任何东西给予别人,无论是金钱还是爱情。

生活所迫之下,他们也可以很好地管理自己的金钱。一位仅有微薄收入的妇女,很难放开手脚花钱,目的就是不想让自己陷入困境。在此境况下,她不是不想花钱,而是不敢大把花钱。

第三章
你比自己想象得更富有

这种吝啬在别人看来就是一种管理金钱的好方法。

为了更好地阐明我的想法,我将给大家讲述发生在我身边的一位女士的故事。听完以后,大家可以就她的行为告诉我你们的想法。娜塔莉出身卑微,她一直在努力,试图改变自己的经济状况。为了不浪费,当她接热水的时候,她就把刚从水龙头里流出的那些凉水用来浇花。对于她的行为,你有什么样的看法呢?你觉得娜塔莉吝啬吗?

"一点也不。如果她没有太多的钱,她就有理由这样做。另外,这样做也很环保。"

很好。那么,我告诉你,她和她的丈夫一年挣30多万欧元。现在,你又如何看待她的行为呢?你认为她吝啬吗?因为她挣得是最低工资的20倍。她每月挣的钱可以填满整个街区的游泳池,她就有权利浪费吗?

接下来,我将把我一直使用的消费策略告诉你。这条策略并不是剥夺你的消费权利,也不是白白地让你的钱包空着,而是:如果可以给你的生活带来好处,尽情去购买一切你想买的。如果你还是区分不出来哪些是必需的,哪些是无用的,那么请问问你自己:如果这件物品贵了两倍,你还是已经准备好买了吗?真诚地回答这个问题,你还是可以买到称心如意的自己需要的东西,哪怕是多余的,但起码是你生活中的一部分,并没有被剥夺权利的感觉,也不会产生挫败感。

如果你还是区分不出来哪些是必需的,哪些是无用的,那么请问问你自己:如果你犹豫购买的物品贵了两倍,你还是准备好买它吗?

请三思而后行。毫无疑问,这将改善你的日常生活。要知道,那些不是不可或缺的东西往往都是无用的。你将为此节约金钱,节省时间,赢得快乐。你将会看到这是行之有效的。

另外一种抵制诱惑的方法就是:当你拿起钱包的时候,让自己停止5秒钟,深呼吸,然后问自己一个问题:难道没有另外一种解决办法可以让我达到同样的目的吗?

我们经常习惯性地或者条件反射地花钱,很自然地走向那些对我们来说如此明显或轻易就能靠近的东西。但是,很少有便宜货。很简单,就是因为我们习惯性地在考虑我们的需要之前就先伸出了手。只要我们付得起,就不会再按照我们的消费方式及购物准则而进行自问了。而后者只有在困境下,才会浮现出来,让我们产生自我约束的挫败感。反过来,如果在伸出手之前就考虑清楚,你将会毫无拘束地节约金钱。

如果你总是过度消费,我再给你举个类似的例子。为什么你要呼吸呢?

"因为我需要活着!"

好。为什么你不同时呼吸两次,或者更多次呢? 大家都知道,呼吸是免费的。

"因为我不需要。"

对待你的钱也一样。只为那些可以改善你生活的事物而花钱吧。不要只是看到事物的一个方面,要知道自己有能力把收入的15%或20%储存起来。

复合利润的奇迹

"从何时开始,我们应该只把钱花在生活必需品上呢?"

只要你想,就可以采取行动,但是有一个条件:现在就开始或者立即就要开始。这是由你选择的! 严肃地讲:你等得时间越长,损失的钱就越多。

即使你的工资在中等水平,我们还是看到你在工作中挣到的金额还是很惊人的。以1800欧元的工资为例,我们可以知道你可以支配的金钱有145.5895万欧元。

我们以你每月存储10%的工资计算。如果仅为自己的必要生活而花费,那你就将积累14.5589万欧元。

如果每年按照存折上钱的3%的比例进行投资(如果你真的想成为有钱人的话,我不建议你这样做),你也将拥有

16.7753 万欧元。

我们假设你 10 年后才开始只在生活必需品上面花费工资的话。那么，不需要 40 年，30 年间，你仍将累积 10.5846 万欧元。但是，因为你开始得比较晚，你只能用 16% 的比例为自己的生活必需品支付，而不是一开始预计的 10%。你将为此付出 60% 的努力。

以其他方式来看待事情：看完这本书后，你说服你的孩子只在生活必需品上花销。到他 20 岁的时候，10 年间他只花费了工资的 1/10，那么 30 岁的时候拿出 10% 的比例进行投资（稍后我们会回到这个问题），到 60 岁的时候他/她将拥有 66.0762 万欧元。10 年的时间内，仅为生活必需品进行支付，不做其他的消费，那么你的钱将在其他时间内给你带来利润。

假设你比你的孩子大了 25 岁。如果想达到同样的目的，你需要每月投资 1730 欧元，按照 10% 的比例回报，你才能节省出同样的数额！我知道，在每月工资 1800 欧元的情况下，这个很难做到！

这证明两件事情：第一，并不是挣钱多少决定你能不能成为有钱人，而是你能留下多少。一个每月只挣 1800 欧元，但是每月省出 100 欧元进行投资的人将比每月挣 1 万欧元却全部花光的人更富有！

第二，只把钱花在生活必需品上，越早开始，就越能更加轻松地拥有更多可以支配的钱。

"我同意你的观点,可问题是,我不再是20岁的人了,我没有办法让时间倒流。你认为,对我来说,是不是太晚了?"

只要开始,就不会太晚。我们总是在年轻的时候,把太多的时间浪费在享受生活、享受金钱上。即使你已经年近40,那也不需要50万欧元存在银行,而从不问问自己用这些钱能做些什么。

另外,越早开始,就越能减少来自经济方面的压力。这些压力一般来自房贷及抚养子女上。如果没有这些压力,你将会轻松地拿出收入的20%进行消费而不会让你的生活受到丝毫影响。因此,你每月把1/5的收入存起来,也就是每月360欧元,如果按照8%的利率计算的话,15年后你将拥有12.0333万欧元;按照10%的利率,20年后将是26.0966万欧元。

马上就开始存钱吧,不要等到月末,也不要等到下个星期,更不要等到明天。就是现在,马上行动吧!

"是的,但是您刚才假设的是按照10%的利率来存钱。这有点不太现实。银行利率差不多只有4%到5%。"

让我告诉你一件事情:没有能力按照比银行的利率高的比例来存放钱的人,根本不知道如何做这件事情。有几十种方式可以让你的钱产生利润,而不是放在银行里。不要忘了,那些银行的工作人员卖给你产品的前提是他们需要从你这里挣钱。请

相信我,他们根本不知道自己卖的是什么,对此,他们并不比你了解得更多……无论如何就是现在(我在说你们)。

如果再给我几分钟,我将会告诉你埃利亚娜及其他的妇女是如何通过10%~25%的比例进行投资而改变她们的生活状况的。到目前为止,我已经给你们说了很多,按照你工资的1/10先存起来,而按照6%的利率计算。你能想到会发生什么吗?你们肯定想到了341 937欧元。相信我,6%的利率不是没有可能。这是过去30年的家庭节约计划的中档水平。如果今天的你认为不可能或困难重重,那么事实上因为利率史无前例的低,这就导致了大量投资的产生,我称为简单投资,低产的。

要知道,只有你对你的钱进行投资并且利用复合利润效应,你才能达到目的。

"复合利润!什么意思?"

每一次你投资的钱会逐年带来利息。那么下一年,你投资的钱所产生的利息也将作为之后的本金。例如:一月份,你按照10%的利息投资了1000欧元,那么年末,你将拥有1100欧元。接下来的其他年份,利息将不再以1000欧元为基数计算,而是每年都会把利息算在一起作为本金。那么接下来,你将拥有1210欧元(1100欧元的10%)。

这就是复合利润的魅力之所在。你完全不用担心什么,把钱存在银行就会自动产生利润。负利率(透支或者不良贷款)

也是相同的道理,欠款会不断地增长,产生新的透支利息。我和你的银行理财师的建议不同,即使他不会给你提供10%的存款利率,但他会收取你15%的透支利息。

你们还可以比较和估算一下复利的效果。假设你不存钱,工作6或7年赚到的钱是145 589欧元。如果把你的钱存起来,按照6%的利率计算,你将获得相当于工作13年赚到的钱,而你每天只需要节省6欧元!

你们看到了吧,节省1欧元能为你们带来可观的财富。现在轮到你们了,利用复合利率把财富变成自己的。但前提是你们应该首先想到自己,并且没有任何事情阻碍你们这样做才行。这是下一章的主题。

第四章
你的慷慨会让你变穷

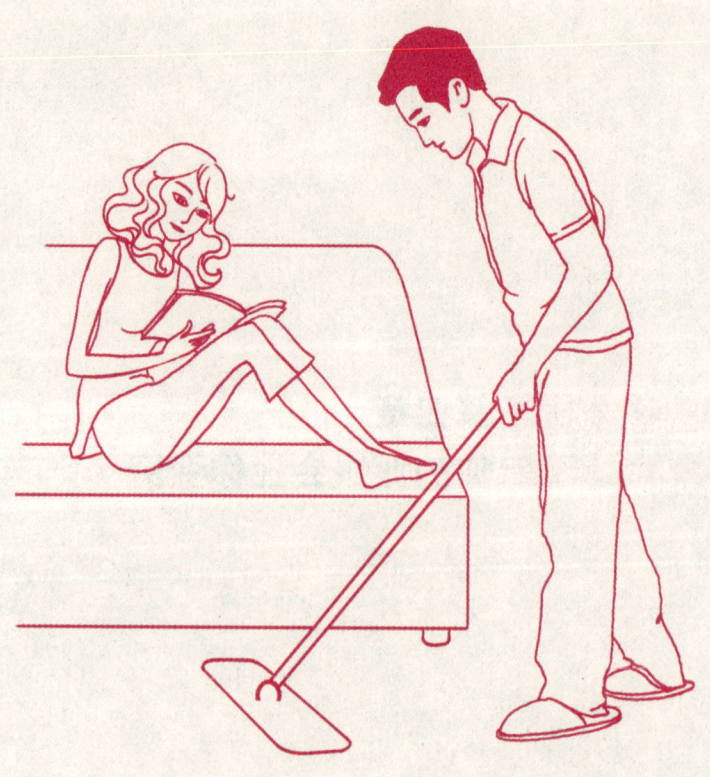

应该变得自私或者变得更像男人一些吗?

第四章

你的慷慨会让你变穷

为了让一切有条不紊地进行,也为了享用到自己将来的财富,你需要马上采取行动。好的想法如果不进行落实,那它就只是一个想法而已。在采取行动的过程中,你总能发现一些障碍横在你的面前。首要的,也是最重要的障碍就是女人的天性。

致富障碍一:慷慨

几个月前,我看到了一则有关彩票赢家的新闻报道。有个记者问一对获得大奖的夫妇将如何使用这笔钱。丈夫说他将辞去工作,再买辆汽车。妻子说,她要给父母买栋房子。

这则小故事很好地说明了男人和女人之间的不同:女人总是先考虑他人,而不是她们自己。

女人总是先考虑他人，而不是她们自己，她们的花钱方式也是如此。

如果你牺牲自己，把你的时间花在孩子、丈夫、父母或者朋友身上，你照顾其他人的天性将毫无疑问地成为你发家致富的障碍。那就应该变得自私或者变得更像男人一些吗？也不是必须的。但是，你应该学着不要总是忽略自己。

下面的倒金字塔式的图表，充分说明了女人的关爱度。越是处于倒置金字塔底部的人，女人们就越少有机会为他们花钱，同样，他们拥有的快乐和保障也就越少。

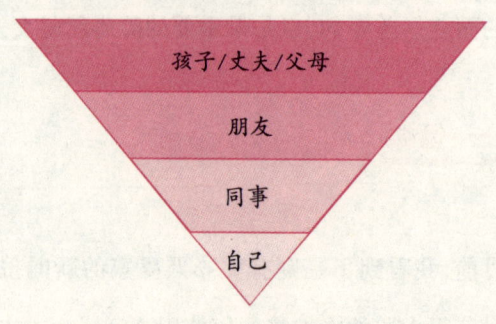

图3　女人的关爱度

为他人而牺牲自己的女人举不胜举。比如安娜，当她为没有工作的前夫支付各类发票的时候，却忘了当时离开他也是为了同样的原因。比如伊芙琳，省吃俭用，负债累累，只是为了满足她独生儿子的种种要求。再比如诺埃米，由于她的丈夫要新

第四章
你的慷慨会让你变穷

买一辆摩托车,她几乎因此忘记了自己的娱乐生活。还有阿莱特,已经60岁的人了,还要继续在商海里奋战到82岁,为的是给儿女留下更多的东西。女人们总是很容易做出让步,为别人而牺牲自己的利益。

现在必须要做的事情,就是找到新的平衡,不要只是考虑到你的孩子和丈夫,是为自己想想的时候了。你认为你的丈夫比你重要吗?如果把家庭成员一视同仁地对待,你的孩子就不爱你了吗?家庭成员也包括你自己。你们拥有同一个家,你和其他成员一样。

从经济的角度来讲,一个家庭收入越高,所有家庭成员的支出也越多。但这并不意味着由于你的丈夫对巧克力消化不良,你就没有了享受巧克力的权利。你不应该为了你周围的人而轻易做出让步。

从另一层面来讲,我们应该知道钱的两个基本用途:满足生活需要,以及给生活带来乐趣。鉴于我们的收入有限,或者说数额有限,我们只能买得起满足生活需要以及能给我们的生活带来乐趣的部分东西。如果你是孤家寡人,那么你的生活必需品以及更高一层的娱乐享受自然就没有那么多的问题了,因为你完全可以按照自己的方式进行安排。相反,如果你要养活一个家庭,你就必须不停地为整个家庭中每个人的需要而进行选择,但在满足家庭成员的同时,请不要忘了你自己。

即使是对待你的孩子,你也要说服自己,你给他的越多,他留给你的就越少。因此考虑到自己的生活乐趣以及保障,在为丈夫买新电脑之后,适当去和朋友参加一些晚会。

致富障碍二:时间

女人会为了他人而不惜金钱。她们会无私地给出自己的时间,把昨天要做的事情推迟到明天。这就是我们总说的拖拉。

"您说得有道理。但是,要知道,我们有很多的事情要做。女人要做的事情比男人多。工作、购物、照顾孩子,还要打扫房间,我们没有时间留给自己。"

或许吧。但是,你们经常把时间浪费在购买那些无用的或者说并不需要的东西上。

你今天吃午餐了吗?

"吃了。"

你为什么不等几天再吃呢?

"我必须得吃饭啊,否则,我连站起来的力气都没有了。"

每个人都有一些必须拥有的东西,没有它们,生活将会变得无法想象。

意识到这些事物的重要性,我们就必须在或长或短的时间内满足它们,以免影响我们的身心健康以及生活质量。

第四章
你的慷慨会让你变穷

正如吃饭让我们解决饥饿,存钱可以让我们应对一个星期后、一个月后或者一年后可能出现的问题。正是由于这种"可能",让我们总是错误地认为我们有足够的时间来采取行动。除非我们遇到了某些意外事件,才迫使我们采取措施。

那么为什么我们要晚些采取措施呢?主要是因为我们总是认为,眼前有比着手我们将来的经济保障更重要的事情要做,无论它是错误的还是确实有些道理。我很吃惊,经常有很多人花费时间计划自己的假期而不是他们的未来。

大部分人花费在安排假期上的时间比计划未来的时间更多。

对于金钱来说,你那拖拉的坏习惯就显得代价太大了。如果你不采取任何行动的话,甚至说是一种灾难。因此,如果你决定开始投资存钱,按照8%的利率计算的话,25年后,你的账户里将有170 541欧元。假设你等了一年,仅存了24年,于是你的账户里将有155 749欧元。无形中,你就损失了14 792欧元(180欧元×无投资的12个月份)。一辆汽车的钱。如果你等待5年,那么你的损失将增加到63 788欧元!这个数字将是你2年又11个月的工资总和或者说是房价的1/3,还可以说是你孩子上大学的学费!

不要再犯类似的错误了。更何况对你的钱没有任何的危险。如果你利用6个月的时间来存钱,而6个月后,你认为浪费了时间,同时也认为我说的这些都是废话,那么你可以考虑把它花了,因为你的钱一直都在。在最坏的情况下,它依然会产生利润。你还是有机会可以花费更多的钱。

现在,你们知道了,浪费时间就等于浪费金钱。

致富障碍三:顽固思想

即使我们意识到存钱的重要性,我们也认为这对别人来说行得通,对我们自己则并非如此。某些人常常还没开始尝试,就已经被打败了。

显然,如果你在尝试之前就声称"我办不到",那么你几乎没有机会成功,或者说没有机会开始。不排除阻碍你前进的心理障碍,你就不会得到自身的提升。

我们经常宣称无法做到,经常是因为安于现状,不想突破改变。尽管我们有足够的理由去做。

此时,无名的懒惰以及恐惧让你宁愿生活在自己所处的状态中。即使这个状态让你感到无奈,没有办法带给你所期望的东西,你还是不愿做出改变。

这些顽固思想,让你眼界变得狭窄,而你认为是事实的东西却从未经过考察认证。原因很简单,因为我们害怕失败,害怕改变,抑或总是认为别人是对的,而我们自己总是错的。

不采取行动的原因(借口),或者说是我们用来掩饰的借口是多种多样的,而且往往源自生活教给我们(或者没有教给我们)。这些借口根深蒂固地存在着,让我们产生束缚感。如果你真的想为自己做点什么,就请如实地回答以下问题:如果你遭遇了一场失败,你认为什么对你来说最重要,又是什么决定了你未来的生活质量?失败的原因(过往的)或者说这场失败的结果(将来的)是什么?

忘记过去,不要让失败的结果成为必然。试一下,与其让失败的事情抬头,不如停止说自己办不到。行动吧,改变你的未来。

致富障碍四:所有的生活开销

障碍不仅仅来自于心理,也来自财政状况,显然,为了轻松存钱,你需要最大幅度地降低你的支出。这些支出,一般情况下所带来的结果就是我们通常所说的负债。

"什么是负债?"

负债是把钱从你口袋里取走的东西。负债有两种形式:必要负债,和生活密切相关的(衣食住行等等),还有就是金融负

债。最主要的金融负债是税费(花费)和贷款,贷款产生债务利息。请注意,你每天的饭菜的花费就是一种负债。相反,如果你为每天的饭菜收取费用,那么它就是一种资产(远层意义上来看)。

利用得好,钱会给我们提供更多的生活选择,减少我们的束缚。它会使我们的生活变得更加舒适,因为我们不必再为金钱而操心,这就是我们所说的财务自由。为了达到你的首要目标,就要最大幅度地减少自己的负债,更不要说那些不必要的负债。

为了实现目标,你需要开始消除银行卡及贷款的透支,不要把你的消费依赖在这方面。接下来,要如期偿还贷款。我们接下来还会再次说到这个问题。

贷款和生活

这种借贷限制了你现有的自由,使你为了填补昨天的消费,而花费了未来的钱。从另一个层面来讲,你花费了自己的未来。因此,如果你工资较低,你的收入很快就会花费殆尽,而你只能牺牲生活中很多其他的东西,尤其是你的生活乐趣。也是这个原因,很多超负债的人生活在经济地狱之中,而不得不借助未来的钱满足短时间内的生活需要。

很多超负债的人生活在经济地狱之中，而不得不借助未来的钱满足短时间内的生活需要。

使用贷款的黄金法则如下：不要把贷款用于生活保障之外的东西，比如你的主要居所，也不要用它来购买明天会贬值的东西。特别要在考虑使用贷款之前先寻找一下其他的解决方法。

"说起来容易，做起来难。很多东西都太贵了，如果我不贷款的话，很难买得起。贷款也只是帮助我们购买最基本的生活乐趣。"

我理解你的观点，接下来，我再问你一个问题：你知道为什么超负债的人越来越多吗？

"不知道。"

很简单，就是因为利用贷款消费的情况越来越多！撤销贷款，超负债的情况就会慢慢消失。你会认为，贷款消失了，人就会变得很不幸吗？你觉得他们因此而买不起平面电视机或者无法出去旅游了吗？你认为他们因为不能使用贷款，就只能用手清洗餐具及衣物吗？不会的。相反，他们将会更好地管理自己的金钱，为了让自己生活得更舒适。

还有一个更基本的问题，和贷款以及它所带来的束缚有关。试着回答这些问题，你将会懂得如何更好地利用它们：对你来说，什么最重要，是自由还是金钱？

"自由。"

如果你认为自由比金钱更重要,请不要让金钱成为你的束缚,请尽量用现金进行支付。即使你总能想出办法来偿还因购买沙发而贷款的费用,在你花钱之前,你首先得到的还是一种束缚,偿还你所背负的债务的束缚。

如果你认为自由比金钱更重要,请不要让金钱成为你的束缚

在你消费的某个时刻或做其他事情的时候,做之前,请先存钱。使用旧沙发的同时为新的沙发攒钱,争取用现金支付。如果你感到压力很大,从这个月起就开始行动,为自己绑上一条安全带。我向你保证,在你用现金支付的那一刻,顷刻之间,你就会忘记自己为之所付出的辛苦,而感到无比轻松地继续应对接下来的所有花销。也许,最后时刻你还会改变自己的主意,发现自己原来并不是真的需要这个东西。

> 小提示:如果一个商店向你推荐一种免费的贷款,要知道,这家商店实际上在向你推荐付现折扣。

"同意,但是我不想等!"

这就是那些贷款机构在玩的把戏(试想一下,为什么他们

第四章
你的慷慨会让你变穷

会在展销会、交易所、大商场那里设置摊位呢),他们让你瞬间满足自己的购买欲,而15秒钟之前,你可能还没有任何购物的想法!总之,你将支付双倍的利息:贷款利息以及你存钱购买沙发的利息。

"我要怎么做才能买得起一辆汽车呢?我需要开车去上班,当然我更想拥有一辆最新款的敞篷轿车。为什么不加入快乐享用的行列呢?您说过我们可以利用贷款保障我们的生活。如果我没有汽车,我无法去上班,因此,我没法挣钱支付房租,连我最基本的生活保障也不敢想象。"

我不鼓励大家贷款消费,是因为我们最初学会的消费方式就是——贷款!你说的有道理,如果有了汽车你能更好地去挣钱,在你无法用现金支付的情况下,你可以毫不犹豫地贷款买车。

然而,你们必须知道,一辆汽车一年的花销是6000欧元,这其中包括保险、维修保养、车辆折旧费,还有不断涨价的汽油,而我们无法找到石油的替代品。因此,在购物之前,你需要考虑到这个东西对你来说是生活必需品还是奢侈品。

一般来说,那些稍微拉风一点的汽车可以提升主人的身份,而这只是在别人的眼里看到的(当你坐在里面的时候,也只是别人看到了你的汽车),他们也只是恭维一下你本人,并不是你的钱包。如果你的敞篷汽车每个月要比普通汽车多消耗300欧

元,而只是每天停放在你的办公室楼下,那你就该问问自己你真的需要它,还是需要这种超出实际价值的乐趣。

这并不应该成为妨碍你快乐的因素。为什么不用现金支付买辆二手车?为什么不在假期或周末出门旅行的时候租辆你梦想中的敞篷小汽车呢?你还可以进行投资,以给自己提供更多的假期。

更多有关降低汽车成本的窍门,请登录以下网站:
www.toutlemondemeritedetreriche.com/envoi_infos/tlf.htm,
更多的塞邦理财资讯,请登录塞邦中文博客参加互动。

富人的神奇公式

抛开你的保障不说,有另外一种情况可以用贷款进行消费。这关系到一切和赢取资产相关的借贷,尤其是可以达到自动理财的目的。也就是说,这个产品,属于资产性质的,可以给你带来收入,用以支付每个月的贷款利息,同时服务于它自身的购买价值。我们把这种机理称之为"杠杆原理"。这就是利用他人的钱支付贵的东西。最典型的情况就是,利用银行贷款买房,之后把房子租出去,利用房租偿还贷款。我们之后会再次说到这个问题。

第四章
你的慷慨会让你变穷

资产最明显的特点就是可以直接或间接地带来收入或者价值。最常见的就是你的工作(资产)给你带来工资(收入)。这是你首要的投资,需要你持之以恒的。这对作为工薪阶层的你以及你的银行账户是行之有效的。一个拥有股票的钱包被认为是双倍的资产。一方面,公司赢利的情况下,你可以得到分红。另一方面,在股票涨价的情况下,你卖出手中的股份,可以获得更大的价值。

一旦你区分开资产与负债,它就像是一种富人的神奇公式一样为你在经济方面的决定做出判断:最大限度地购买资产,最大幅度地减少负债。简单地说,就是购买能给你带来更多钱以填满你钱包的东西,去除那些使你钱财流出的东西。

"但是乐趣从何而来呢?乐趣是一种负债,它不会给我们带来任何东西!如果成为有钱人就意味着放弃生活的乐趣,我看真是一点好处都没有啊。"

你真的认为有钱人比穷人少了很多娱乐的时间吗?你真的认为有钱人真的没有时间出去度假吗?有钱人或将来很有可能成为有钱人的人首先考虑的是如何创造更多的财富,他们同时也在享受生活。他们能够利用资产带给他们的收入支付必要的负债支出。他们使自己的钱在投资的情况下源源不断地给自己带来报酬,这对他们来说,省下了更多的时间,花费了最少的钱,减少了很多给他们带来拘束的东西。

现在,你们知道怎样更好地去消费,也知道如何提高你们的购买力,为自己,也为你们的财产钱做出最好的决定了吧?你们要做出一个选择:在今后的生活中改变你的消费习惯,或者为自己的将来进行投资,在保障生活的同时,不失时机地享受生活。

为了帮助你们达到目标,我建议大家制订一个计划,并按照此计划行动,现在就开始吧。我们一起来分析一下你的消费情况,并研究出几种投资的可能性,每年为你带来 10% ~ 15% 的利润。最后,我给大家提供一些捷径,可以让你挣得更多,让你的钱为你带来更多的东西。

第五章
你的致富行动和投资计划

卖掉不需要的东西

第五章

你的致富行动和投资计划

你未来的财富和命运取决于你改变和改善事物的意愿。先不计算你存款的利息,单单是你存款的数量和用途就可以帮助你达到目标。另外你还需要根据自己的需求和目标去了解应该如何行动。

在以下的章节里,我们将一起了解根据自身的目标,我们应该把钱存在哪里和怎样存钱。对于那些寻求安全感的女性们来说,我建议你们可以重点关注一下保险以及住宅。而如果你的目标是让自己银行账户的存款越来越多,则可以研究一下金融投资或投资不动产,这样就能使你的资金为你带来尽可能多的利润。

财富的创造可以分为两个阶段。第一阶段可总结为一份针对你现有状况和日常支出的详细分析。第二阶段则是根据你未来确定的优先方向而做出的投资选择。这些选择的确定与每个人的家庭情况、个人目标、精力及所花费的时间息息相关。无论

你的情况怎样,也无论你的决定是什么,现在开始投资,盘活你账户里的存款,避免那些毫无收益的投资,这是非常重要的课题。

第一步:启动自动驾驶

为了步入致富之路,你应该保证未来属于你的财富不会溜到别处。而应对的方法则十分简单:自动预留一部分资金,作为你未来可能的某一项或某几项投资的"第二笔支出"。

你们当中的某些人可能有这样的习惯,每个月对第二笔支出的投资方向加以控制。请相信我这样做根本是毫无效果可言。事实上你可以控制的只是这期间累计的延误。既然你的这笔资金不是在第一时间被存起来,这其中就总会存在资金流向其他地方的风险,其中可能是受自己情绪影响、天气影响,因为要替艾伯特叔叔庆祝生日、交税或各种各样原因的影响。即便在最好的情况下,可能你会在最初的几个月里保持这个习惯,但终究还是会因为当时有更优先要做的事情而停止对每笔支出的控制。

唯一的方法,也是在任何时候都奏效和令我们高枕无忧的方法,即对整个的流程进行自动化处理。也就是说,你应该向你的银行咨询,他们是否会在每个月的月初系统性地按照10%、

15%或者20%的比例(我认识的一些人甚至将他们每月工资的50%进行投资)将你的工资投入到某一项或某几项你可能会选择的投资中。这样做的话你将不会再试图花掉这笔钱,取而代之的是悠然自得地看到这些资金可以得到有效的利用。如果你已经拥有家庭,不管你是否是上班族,都请保证你的丈夫也遵循同样的做法。

坚持这么做,否则如果不按规律来执行,所取得的结果也将不会达到你的期望值。后果会使自己变得灰心丧气,不仅破坏了当初的良好意愿,终究也会半途而废。

怎样开始致富行动

当我们开始尝试储蓄时,最难的部分不是行动,而是做出的决定。众多女性都对此深信不疑,但当她们开始着手行动时,却因为感觉自己的生活将会被打破,尤其想到不得不改变某些生活习惯,而感到其中困难重重。

最后她们往往会退出,也因此会对自己的资金加以控制和避免过于激烈的变动。有些人会一点点地去尝试,并做出承诺提供每个月的储蓄比例。

女人都能成为有钱人

> 我改变主意了,如果你们之前看过我写的第一本书《人人都能成为有钱人》,你可能还会记得,我曾经建议人们循序渐进地储蓄自己的资金。两年间,我通过和几十位男性及女性读者的沟通,最终得出了最后的结论:即最好的解决方案就是每个月的月初都至少把工资的 10% 或 15% 储存起来。

在我看来,逐步提高储蓄比例是一个坏主意。如果你已经决定要开始存钱,那么就直接去做吧,而不要在其余的地方打转。你越是举棋不定,越会对行动的方式提出质疑,那么也就越是会为自己的推迟(拖延)寻找更多的借口,而且会浪费更多的时间。

如果你每个月想要把个人收入的 10% 存起来,那么请以 15% 为起点,同时在不影响个人生活方式的前提下对自己的消费方式进行改变。对于那些努力想做出改变的人,则可以将储蓄的比例提升至 25%~30%。如果你觉得这个比例过高,可以适当地自行调低。但假使一开始你的起点就定得比较低,那么你的资金可能会很快削减,后期往往需要做出加倍的努力才能抵偿这其中的浪费。

第二步：观察你的钱都流向了何处

我们为了生存而进行日常消费，这个过程从我们早晨起床开始一直持续到晚上熄灯入睡。

每天的日常生活都是由几十个消费行为组成的，而这些行为都或多或少地体现了我们的生活习惯。然而我们是否知道这些消费是否都是必要的，是否能真正帮助我们更好地生活呢？

在没有对你的消费进行任何预先的分析和详细的研究之前，我认为很难回答这个问题。因此你非常有必要了解自己是如何消费的。这一步是至关重要的，可以使你找到很多潜在的节省开支的途径，同时还可以优化第二部分投资的总额。为了达成你的目标，我为你们推荐两种实践方法。

我向你们推荐的第一种方法是，不论何种途径和支付方式的消费行为，我们都要进行记录。坚持这样做一周，你就可以看到效果。这么做的目的是为了让你了解自己日常行为及其引起的经济结果，而不是强迫你限制自己消费。另外，你也不必坚持这样做很长时间。但千万不要忘了记录周六周日的消费明细。这两天和一周内其余时间的消费方式不同，是尤为重要的。

准备一个小笔记本并制作一张如下的图表，当然你也完全可以上网去下载这样的图表格式，或者是登录我的个人网站

(http://www.toutlemondemeritedetreriche.com/envoi_infos/tlf.htm),来搜索其他实践和补充信息。

你可以分两步进行这项行动。首先你可以在"一时冲动"也就是在你消费的时候填写表格中的前两项,而其余的列表则可以在晚上继续填写。我认为最好的时间是利用晚上孩子们进入梦乡后,而你还未入睡前的几分钟个人空闲时间。

① 消费明细	② 消费总额	③ 实用度	④ 替代的解决方案	⑤ 替代方案的成本	⑥ 可能节省的金额	⑦ 经常性消费

以下是每项列表你所需要填写的内容:

第一项"消费明细"。在这里你需要注意的是你每天都进行了怎样的消费和消费原因。例如"我用手机给丈夫打电话告诉他我会迟到"或者是"开车去看望母亲"。

第二项"消费总额"。不论这次消费的总额是多少都要填写上去。如果你不记录这个项目,那么无异于闭着眼睛进行消费且不知你的金钱为你换取了什么。要知道其实收集这些信息是很有意思的一个过程,这些信息可以检查除了日常必需品以外你是否有其他的过度消费。

第三项"实用度"。在这个项目中,你可以用 0~5 的数字表示一笔消费得到的实用程度。5 表示非常实用,而 0 则表示毫无实用性或你完全有理由省下这笔钱。请注意一笔令人愉悦的消费总是有它的重要意义所在的。这项消费不一定有用但对你的幸福感却很重要。当然你同样可以说这项消费不是必需的。在这里我留给大家一定的空间进行权衡。

第四项"替代的解决方案"。在这项中,请先思考和写下你如何用另外一种方式同时花费更少的钱而达到同样的效果。在这里你可以填写多个解决方案。为了保持与上文事例的连贯性,比如你可以写"我完全可以发条短信或者用我手边的固定电话拨打丈夫的办公电话"或者是"我完全可以搭乘公交车去看望母亲"。

第五项"替代方案的成本"。在这里填写替代的解决方案的成本。如果这笔消费可定义为无实用性,其成本金额可标注为 0。同样你可以记录那些你不知道具体成本的方案,但最好在合适的期限内确认这些方案确实是更便宜的。

第六项"可能节省的金额"。在这里标注使用替代的解决方案所可能节省的金额。

第七项"经常性的消费"。在这项里标注这笔消费是否属于经常性的消费。当你发现这种消费出现的频率很高,加之相应的"实用度"很低,对你来说这或许是个有意思的发现。

然后,你的工作就是汇总你实际的消费总金额(第二项)和为达成同样效果可能引起的消费(第五项)。计算出这两者的

差额然后乘以30，你就会得到一个大致的结果，即每个月不用怎么费力气就可以节约下的钱。

这个方法对你们来说可能显得过于书面化，但请相信我这真的是一种不可思议的有效和高效的方法。95%的使用这种做法的女性都节省下不少开支，这些开支积少成多一年内就可节省几千欧元，在你的坚持下可以节省几万欧元的花费。这种方法不仅让我们了解自己消费的明细，而且也让我们有机会对自己消费的实际效用进行反思。另外，在你这样做的第二天或第三天，你就可能改掉某些不好的习惯或减少那些无实用性的消费。

第二阶段的做法与第一阶段类似。其中会涉及当月或者当年的所有花费。因此，我们要知道自己所缴纳的税款、房租、交通费、保险费、食品、服装、医疗费及其他一些基本费用（电费、天然气费和电话费）等。

> 你们可以登录以下网站，来获取一张包含你日常生活详细花费项目的表格和清单，及一些节约开支的窍门：http://www.toutlemondemeritedetreriche.com/envoi_infos/tlf.htm，更多的塞邦理财资讯，请登录塞邦中文博客下载相关理财表格。你们还可以在网站上找到专门为女性读者提供的信息。

第五章

你的致富行动和投资计划

在第一阶段的做法中，我们例行分析了每个月的消费情况。同时，我建议你们判断一下哪些是真正有用的消费以及它们的实用度。然后，针对每个项目，你都要思考一下在保持同等水平生活质量的情况下，更加节省的消费方式是什么。

首先你们应该关注一下自己的经常性消费。这些每个月都要重复支出几次的花费往往也是节省开支的一个入手点。当然你也会注意到自己会为一些根本不使用或很少使用的服务或产品买单。其中最为典型的，也是我们之前所提到过的，如很少出入的健身房，根本不看的杂志或者根本没时间看的付费电视节目。

一旦你找出这些项目，赶紧把它们从你的列表中清除。利用5分钟的时间打电话，或写封信立即寄给这些相关的服务供应商。如果你对取消某些花费还犹豫不定，那么也请取消它们。否则你除了节省一些开支之外，还是会倒退回以前的消费习惯。

另外，请关注每年的一些诸如保险等的开支项目。这种项目往往会被人们所忽略。像是汽车保险和住房保险，你是否考虑过通过其他途径支付更少的钱？简而言之，你是否尝试过购买其竞争对手的保险？同理，银行也是如此，保险销售员们深知顾客的忠诚度非常高所以很少有人会尝试为减少开支而更换投保公司。

根据我的经验，节约我们日常开支中的10%～30%是非常

容易做到的。相信这和你的工资收入水平并无直接的关系。如果你认为自己的收入不高而用不着这样的方法,那你就真的错了。你的收入越少,才越应该了解自己的钱到底花在了什么地方。与此同时,有些女性不愿意知道她们到底消费了多少,从而来逃避现实。如果你想了解自己的情况,就不要像鸵鸟把头埋进沙里不敢面对现实一样,而是要在屈服于命运之前牢牢地把命运掌握在自己手中。

而对于那些认为自己的收入足够多,多到不用提前考虑这些的人们,以及那些愿意把自己的钱送给其他人的人,请至少把这些建议告诉给那些真正需要知道它们的人,或者把你的钱进行捐赠。这样,你还可以减少自己所需缴纳的税金。

接下来,你可以将自己的资产和负债罗列出来,并考虑如何从列表中减少或清除掉自己的负债。如果你的名下有贷款,当然不包括那些由别人替你偿还的贷款,那么你需要尽可能快地将其还清,这其中包括住房贷款当然也包括各种消费贷款。

在这里我要指出一个大家时常会犯的错误:我常常发现有些女性在存下几千欧元的同时还背负着几乎同等金额的消费借贷。出于对缺失安全感的恐惧,她们宁愿为借贷支付 10% ~ 20% 的利息,然而她们的存款呢,却只有 3% 的利息。如果你也存在同样的情况,那么请在手头宽裕的条件下立即还清贷款,否则这些贷款马上就会成为借款方的存款。

第三步：进行消费大清扫

我们一生中多数时间都在积累和存储那些我们根本不需要的东西。我们拥有无用的投资（你可能发现自己的住房面积比实际需要的大），而且我们将那些以物品形式存在的金钱置之不理，而没考虑过这些闲置物品可以被别人所利用。

对于这些小物件来说，我们通常不愿费力处理，一方面是因为在我们看来这些物品的价值不高，另一方面也是因为我们不愿花过多精力把这些物品兑换成现金。在此我想强调指出，如果你从来不去尝试卖掉这些物品，那么你就永远不会知道它们能给你带来什么。

打开你的壁橱，查看你的储藏室。找出那些已经在角落里存放了几个月，甚至几年的闲置物品。你可以考虑卖掉在女儿12岁生日时送给她的自行车，如今她已经18岁了；尽快处理掉那些老旧的课本。当你要更换新电话前别忘了先卖掉旧的。要养成在不卖掉旧有物品前不更换新物品的习惯。通过这种方式，你购买新物品的支出就可以削减一部分。接下来几个月中你可能会发现通过电话就做成了买卖（在不节衣缩食的情况下，懒散也是一种减少开支的绝妙方法）。

简而言之，通过网上或社区组织的很多跳蚤市场，就可以卖

掉所有的闲置物品,这样你就可以收回自己壁橱中闲置物品所包含的部分资金。你可以利用这笔钱进行娱乐,偿还负债,或者将其进行投资。如果你无法将所有的物品都兑换成现金,那么可以将其捐助给慈善机构。这样至少可以帮助那些需要它们的人。

第四步:做出选择

现在你已经了解了如何存钱,也知道了自己的钱流向了何处,接下来要做的就是做出选择,让你的钱带来你所预期的效果。原则上你首先可以做三件事来对自己的资金进行分配:即用于娱乐,储存在安全的地方和用于产生更多财富。你可以根据自己的目标和情况,选择不同的投资和分配方式。关于如何把钱花在娱乐上,我想就用不着我一一赘述了。但关于你需要的安全感和财产,我可以给出几条建议。

我先从大家关心的安全感开始谈起,接下来让我们来看看法国小姐、赛格莲娜和我的女邻居为了保护她们的安全,都是怎么做的。

第六章
为什么法国小姐、赛格莲娜和我的女邻居都需要保镖呢?

女人选择投资：保险 房产 基金
就像有了随身保镖

第六章
为什么法国小姐、赛格莲娜和我的女邻居都需要保镖呢?

女人们最关注的事情之一就是安全问题。当人们需要安全感的时候,最普遍的方法就是雇用保镖。在这里,我推荐给你四个。他们就如同蛋糕上的四个樱桃一样,其中的两个几乎不用你花费一分钱,并且这两个保镖有一些注意事项你应该做出快速决定,并且这些决定是越早做出越好。其余两个保镖则与你购买的保险直接相关。

我们先从后两个保镖开始谈起,来看看法国小姐、赛格莲娜和我的女邻居都是如何从中受益的。

第一个保镖:意外保险

如果您像我的女邻居一样,是个已婚有两个孩子的家庭主妇,或者像赛格莲娜一样,虽然是公职人员,但已经与丈夫离婚,需要独自抚养五个孩子,那么您就有必要购买一份意外保险了。

诚然,我们都不愿提及这个话题,但无论如何这都是生活的一部分。即便所有人都知道有这一天终将会到来,但是没有人知道确切的日期。如果你不提前考虑这件事,我保证结果是会令人感到遗憾的。

什么是意外保险呢,正如它的字面意思一样——是一种保险。但注意不要把它和人寿保险搞混了。为了享有这份保险,你需要在每年向你的承保公司支付一笔保险费,这样,当投保人去世后,其指定的获益人就可以获得一笔保险金。这种保险的目的是当一个人离世后,那些珍爱他(她)的人可以获得补偿,还可以同时为自己和子女的未来提供物质保障。如果在承保期内投保人没有发生意外,那么这些保险费就归保险公司所有。

我们可以试想一下,如果你的配偶是一位职员,他挣的工资远远高于你。那么他就应该购买一份意外保险,而你应该是获益人,因为一旦他发生了意外,这笔保险金可以保证你平静地生活下去和继续抚养你们的子女。

而如果你和赛格莲娜的情况一样,要独自抚养孩子。那么你的投保获益人应该是未来可以替你照顾孩子的那个人,而金额应保证你的孩子们的安全、舒适和未来的发展。

需要注意的两件事:

如果有可能,请选择那些定期返还保险金给受益人的保险,而不是那些一次性赔付的保险。如果你的孩子被安置在一个互

第六章
为什么法国小姐、赛格莲娜和我的女邻居都需要保镖呢?

惠家庭里,而且这个家庭的经济状况并不是很好的话,那么最好确保他们不能拥有保险赔付金的整体处置权。

制定一份遗嘱,写明谁是这份保险的受益人。我知道可能那时你还在与死神做着苦苦的斗争,但如果你的继承人不清楚你已经购买了这样一份保险,那么他们可能很难去向相关的承保机构去申领这笔保险金。根据我的经验,很少有人会这样做,而要知道这个遗漏可能会造成灾难性的问题。

应该买多少钱的保险呢?

赔付金的多少和很多因素都有关,也同时和受益人有关。比如你是受益人,那么你所获赔付金应大于你因意外而损失的工资总和。例如你现在35岁,那么5年的工资足以重新恢复你的生活。如果你还差4年就要退休了,那么应该以整个工作年限计算。

> 小提示:一位年龄40岁不吸烟的女性,每个月支付25欧元,对应的是150 000欧元的保险赔付金。

孩子为受益人的情况中,最重要的数据是他们的年龄。他们的获赔期限从他们现在的年龄算起,一直到他们不再需要救助的时候终止。很显然,这些孩子的年龄越小,他们需要保险赔

付金的期限就越长。这也会影响我们需要投入的保险金。即投保人的年龄越大,每个月投入的保险金就越多,反之如果你比较年轻,那么支出的金额会少一些。

意外保险的目的就是当你无法继续照顾你的亲人时,令他们继续得到同样的照顾。法国小姐仍然和父母住在一起,也没有孩子,这种保险对她来说就没有任何意义。赛格莲娜的情况就不同了,当她最小的孩子完成学业后,她就可以停止投保了,而可以更好地进行一些投资。

我认为,可以留给孩子们最好的保险就是从小教会他们如何理财,从而让他们更快地学会独立。关于这个课题,您可以通过以下网址免费下载"所有的孩子都应该富有"的内容:http://www.toutlemondemeritedetreriche.com/envoi_infos/tlf.htm,关于这个话题,您可以参考我发表在个人网站上的文章——《不要指望学校,给小孩受用一生的理财知识》

不要指望学校,给小孩受用一生的理财知识

往往是在我们自立之后,我们才意识到小时候没有学过理财,而理财恰恰是我们开始快节奏生活之后每天都要面对的日常问题。

我们发现,典型的家庭成员,比如祖父母、叔叔姑姑和其他一些亲戚,会在孩子的青年时期交给孩子总共50 000

第六章

为什么法国小姐、赛格莲娜和我的女邻居都需要保镖呢?

欧元,并且如果处理得当,这笔钱会增值四五倍。

当然,这意味着5岁或者6岁的孩子就已经懂得了如何理财(这是不可能的),或者他们的父母具备这种眼界。

所以现在你知道了,不能指望学校(通常指望不上),你应该向孩子亲身传授关键理财知识,教会他们好的理财习惯,使他们保持一生,受用一生,实现财务自由和独立。

父母是孩子的第一任理财教师

学校是你的孩子学习的地方,但你肯定知道,学校的老师不教理财。也就是说作为孩子的父母,你要对孩子的理财教育负责,因为你是给你的孩子最大影响的人,特别是当他们还很小的时候。

记住,无论客观条件如何,也无论你今天如何看待孩子的前景,理财教育必将影响孩子的一生。

从现在开始,你要承担起对孩子做理财教育的责任,这与孩子的未来密切相关。

越早开始越好

你的孩子越小,也就越容易听取和接受你告诉他们的东西。我们的目的是培养他们良好的理财习惯,并且,一定谁是所谓的某些人呢? 所谓的某些人,是指在我们日常要赶在某些人之前,因为那些人会和你展开时间竞赛。

生活之中,那些以我们的孩子为客户对象,大做广告妄

图卖出更多商品的人。那些人想要实现的效果就是让孩子们攀比着购买"庸俗"——某个品牌的一模一样的鞋或者一模一样的裤子。

几岁可以开始教

很简单,在孩子能够提出问题,并且懂得越多的钱就能买越多的零食的时候,你就可以开始了。

而且,错过时机的时间越长,养成好习惯就越困难。青少年要比儿童难以教育,是因为朋友的影响比父母的影响大,并且他们开始要求独立,这使得你的建议对他们无足轻重。

真金白银是最好的道具

要想把理财知识融会贯通,最佳方式是通过实践。所以如果你的孩子正学着管理他们自己的钱,你得给他们实际运用的机会。

传统的零花钱只能告诉孩子一件事情:花钱。通常情况下,零花钱的作用是让孩子在放学之后有一段快乐时光。并且他们在额外要求看电影或者买电子游戏机的时候绝无羞赧。这样,最终我们只教会了他们唯一的一件事:花更多的钱。

对我自己的孩子,我是这样解决这个问题的,当然是出于教育目的:某一天,我宣称从此以后不再每天给他们零花钱,而是每个月给他们一笔钱,由他们自由支配。

第六章
为什么法国小姐、赛格莲娜和我的女邻居都需要保镖呢?

这样做有两个好处:

1. 为了保证一致的"生活作风",他们不得不关注花钱时的优先次序,把钱用在最需要或者带来最多快乐的地方。

2. 最终他们具备了每个月积攒下10%～20%的能力。

给你的孩子一个管理资产的系统

无论是哪一方面的技能,人们都是通过不断重复来掌握的,重复得越多表现得就越好(练习)。

但是,训练某种技能时,最好的激励是奖赏。如果你看不见结果,很可能没等到学会就放弃了。

对于孩子也一样。要培养他们的理财习惯就应该让他们看见结果,否则他们就学不会,很容易忘记你灌输的东西。

为了教会孩子攒钱,你可以和他们做个游戏,建议他们不断地往透明的罐子里放一欧元。这样他们就能眼看着他们的小小的财富不断积累,并且知道他们每天的努力都实实在在。一旦罐子满了,就腾空罐子,把钱放在属于他们自己的地方。

让你的孩子对支配钱独立做出决定

一旦你的孩子拥有了自己的钱,你要让他们独立做出支配决定。给他们建议,但必须是他们自己做出最终决定,并且对他们的决定负责。

这是你的孩子的学习方式,即便他们犯下了很多错误。因为这种错误是必然的,不出现在这儿就出现在其他地方,宁可让这些错误都发生在你设计的框架之中,在安全的家庭环境中,在有限的金额下,从而保证不使他成年后迷恋信用卡消费从而让他们面临困境。一旦孩子们理解了金钱的真实价值和在生活中的地位,他们表现出来的理财能力会让你大吃一惊,所以不要害怕,让他们放手去做。

孩子们的钱应该放在哪儿

理财教育不能停留在鼓励孩子们攒钱上,如果他们的钱应该投资来获取进一步的增长。并且孩子越小你越应该帮助他们用他们自己的钱投资,而且不必是最简单的投资。

孩子的钱投向哪里很大程度上取决于你自己对某种投资的敏感程度。所以如果你正打算存定期存款,还是算了。

如果你比较富裕,你可以投资地产。但在此,就我个人意见,你能为他们做的最好的事情是:把孩子攒下的钱投入股市。

我知道这个领域吓坏了很多人,但是请相信我,这对你的孩子是件好事。原因很简单,长期而言,股市的回报率最高。

并且,孩子们面对的唯一问题只是时间。所以请定期投资于指数基金或者共同基金。同样,我明白,如果你自己从来没有投资于股市,这很难做到,因为股市总是被先见地认为是危险的。

第六章
为什么法国小姐、赛格莲娜和我的女邻居都需要保镖呢?

> **保持简单和快乐**
>
> 激励你的孩子去做这些事情的最佳方式是让一切都很轻松。试着保持玩家角色并且生动地诠释金钱的重要性。不必沉浸于复杂的金融术语中,这通常也无必要,你不过是向他们展示管理技巧,投资增值,还有快乐。

意外保险和房产

意外保险,即使你从来都没有购买过这种保险,但很可能这些保险已经在你的生活中出现过了。因为,每当你签署一份借贷时,每个月会自动生成一笔意外保险费,一直到借贷到期为止。实际上,这种保险同样也赔付因丧失劳动能力而造成的收入损失(或其他更多损失)。

如果你有购房贷款,那更应该谨慎行事。如果你和我的女邻居一样,家里只有丈夫工作,那么应该为他购买意外保险,因为只有他一个人的工资才可以偿还贷款。

"但是,谁能领到钱呢?"

对于房贷来说,唯一受益人是你还要继续还贷的那家银行。但是虽然不能直接领取保险赔付金,你也是间接的保险受益人,因为你可以彻底摆脱偿还贷款的压力,和为了拥有一处房产而

要背负的负担。

如果你和丈夫两个人都工作的话,那么可以根据各自的工资水平分摊购买保险。有一些夫妇同时购买100%的保险,互为受益人。当然有可能会出现这样特殊的情况,但我不认为这样的做法有很大意义,因为你为此支付的资金可以更好地用于偿还贷款。这样做只会更快地令这份意外保险变得毫无意义可言。

> **案例**:比如你申请了一份20年总额为200 000欧元的贷款,那么0.4%的分期保险金就需要你在此期间花去16 000欧元。如果你同时申请了两份保险,那么要花费的钱会更多。如果你把这笔多花的钱直接用于还贷,那么不仅可以减少需要偿还的利息,还能将还贷年限缩短大概2年。

房产也可以作为意外保险的投保资金。如果你是房主,那么这处房产就具备了双重意义:不但是以后进行买卖的一笔潜在资金,同时也可以留给你的受益人。

如果你还在背负一笔贷款,而且购房预算在这里不被算作一项生活成本,你应该考虑到其中需要额外承担的意外保险费。因此,你可以购买一份承保范围比较合适的保险,以减少保险费的月付款。另外,其中省下的钱还可以被受益人用于缴纳遗产税和用于丧葬费。

第六章
为什么法国小姐、赛格莲娜和我的女邻居都需要保镖呢？

第二个保镖：伤残保险

在人的一生中，除了你的健康，最珍贵的恐怕就是你的收入了，因为这些收入不仅能用于维持生活，还能用来规划自己的未来。但是，如果你和法国小姐或者和我的女邻居一样，没有任何回笼资金的保护，就应该购买一份伤残保险，这样，在遭遇事故的情况下，才能保护你自己或配偶的收入安全。这样做的目的不是为了致富，而是为了保证你的生活质量，即你的购买力。

很多人可能都想象过这样的事情：在2005年10月的一份由益普索集团（IPSOS）发出的调查报告中指出，大概有70%的人都想象过自己因为事故或丧失劳动能力而无力承担生活成本。

我知道很多人认为保险是笔无用和被动的花费，而且这笔资金不具有流动性。但是要知道随着我们日益衰老，需要进行考虑，比起骤然离世，我们更容易生病和遭遇致残的事故，这也就意味着我们将失去赚取收入的能力。正是因为这个原因，我们才需要购买一份伤残保险。

当然，在支出这笔花费前，我建议你先核实一下自己的健康保险、民事责任保险，或你的雇主和丈夫签署的保险有没有涵盖这方面的内容。为了确认以上信息，你只需阅读保险合同或给

相关机构打电话得到准确的信息。在处理意外保险的操作上也是如此。

请注意： 当你身体状况良好时就应该购买这种保险，而不要等到你生病了再行动。另外，也不应该把这种保险看做一种负担。

怎样选择一份保险？

当你决定投保后，不要过于仓促，也不要和第一家为你推荐服务的保险公司签合同。你应该多联系几家保险公司，对比他们的业绩和所能提供的服务。查看这些公司可以为你的财产带来的保障，核实他们所叙述的服务均已包括在合同的条款中。如果你有一个或者几个地方不太明白的话，不要犹豫，赶紧咨询清楚，做到心中有数。不要只听信保险公司的一面之词。一定要核实你需要的服务都已在合同中注明。因为保险推销员所说的话是空口无凭的，只有书面的东西才具有效力。不要忘记购买保险的目的就是一旦你在今后生活中出现一些重大问题可以得到保障和赔偿。因此我建议你利用 10 分钟的时间仔细检查一下保险公司为你推荐的服务。

第六章
为什么法国小姐、赛格莲娜和我的女邻居都需要保镖呢?

第三个保镖:防止意外的"安全气囊"

第三个保镖的作用在于当你遭遇一些重大变故时为你提供庇护,如当你失业时可以保证你无后顾之忧地继续生活。基于这些事实,你需要预留一定的存款以备未来的不时之需,这就是我说的"第三个保镖"。

这笔用做缓冲的资金多少取决于你每个月的开销和职业状况。如果你像赛格莲娜一样是个公务员,享有工作保险,如果你是在每个月月末领取工资,那么可以设定一笔基本的预留资金。这种情况下,几百欧元的预留金已经足够。一旦你发现这笔资金不够用,在出现问题时也可通过在每个月消费上做些调整来补充这些资金。

对于在私企工作的女职员们,最好先做最坏的打算:面临失业。所以你在准备预留金前,先要权衡你的工资和失业补助金的差额,及考虑自己找到新工作所需要的时间成本。

如果你预计自己在 3 个月内可以找到新工作,而你可领取至少 500 欧元失业补助金,这些补助可应付日常花销,那么你需要提前预留 1500 欧元。

我个人建议你提前准备 4 到 6 个月的预留金。我认为这已经是最低的限度了,因为人们往往会低估那些令人不快的意外

带来的影响。

预留金还与个人的心理素质有关。我们可以这样定义,保持心理平静的成本需要 12 个月的预留金。尽管我认为这有那么一点夸张,但还是请留出使自己保持理智和自在的预留金。如果你认为自己没有准备足够多的预留金,那么一味地担心烦恼也是徒然的,因为很显然,你的钱始终还是那些。

"那么为了这笔安全预留金我们每个月要存多少钱呢?例如我吧,我可能需要准备 1500 欧元的预留金。如果我用一年多的时间准备这笔钱,那么也就是每个月要存 100 欧元。从现在开始我就要削减许多开支了。"

如果我是你的话,我会存比你多三到四倍的钱。

"这不太可能。我已经存下每月工资的 10% 了,现在要把金额提高到 400 欧元,这对于我来说也太困难了。"

首先,这 400 欧元里已经包括了你第二个月工资的那 10%。实际上我们为之付出的努力程度是最小的,且只是在一段相对较短的时间内。然而,如果明天你的汽车坏掉了,需要花费 800 欧元来维修时你又要怎么办呢?

"那我就在接下来的几周内省吃俭用,并向修理厂申请分两次付款。"

那么就这么去做吧,分两次付款。如果明天你又遇到什么突发情况,你完全也可以想出办法来应付。如果你今天存下了

第六章
为什么法国小姐、赛格莲娜和我的女邻居都需要保镖呢？

这笔钱,那么明天你就可以少存些,这样你还可以同时进行一些投资。

把钱投资在哪里,如何投资

拥有一笔存款,及这笔存款带给我们的安全感都是很重要的。但是正确地投资这笔钱同样也很重要。我们的目标是在预留一些存款以备不时之需的同时,尽可能减少"安全气囊"的开启(通货膨胀的影响)。但是在有需要的时候,应该保证你的钱能较快和较容易地到位。

如果你去咨询银行理财师,对方很可能会建议你将这笔钱按照3%~3.5%的利率(这个数字会根据你使用的存折类型和当时的存款利率而有所变化)储蓄在传统的账户里。当然,也有很多其他类型具有同样效果的投资方式,比如SICAV短期投资基金。

在我写下这些文字的同时,很多SICAV短期投资基金的收益率已经达到了3.8%~4.8%(我在下文中会为你们解释如何在不冒任何风险的情况下获得5%~10%的收益率)。举例来说,如果你以3%的收益率投资10 000欧元,那么在一年后,你可以获得300欧元的利息。而如果你投资SICAV短期投资基金,你可获得的利息则是480欧元。即便这两者间的差异对你来说

并不重要,但让 180 欧元纳入自己囊中总比让银行赚到要好得多,而且这其中还有很多其他好处。

这些 SICAV 短期投资基金,与那些收益快的银行储蓄相比,具有相同的优点:灵活性和安全性。而且从你购买这些基金的第一天起,就有可能得到一定的利息。相比之下,银行定期存款需要等到年底才能得到利息,且要遵守银行制定的 15 天规定。举例来说,如果你在某个月的 2 号存了一笔钱,那么在这个月的 16 号前都不会产生任何利息。同理,如果你 17 号存了一笔钱,在下个月的 1 号之前是没有任何利息的。

第四个保镖:你的财产公证人

你的最后一个保镖就是你的公证人。作为公证人,他们除了应尽的职权,还会帮助你制定遗嘱,以保证你生命中珍爱的人和事物得到正确的照顾。

在这里我举例来证明这个方法的好处:如果我女邻居的丈夫突然离世,你是否知道谁应该继承房产?

"他的妻子,也就是您的女邻居。"

然而事实可能不是这样。因为我们还要考虑当时特定的情况,他的子女们也可能继承他们应得的财产。如果他的子女是未成年人,他们自然会提出这样的要求,监护人法官也会站在这

第六章
为什么法国小姐、赛格莲娜和我的女邻居都需要保镖呢？

些孩子的立场上作出判决。

让我来讲述一个真实的发生在我最好的女朋友——维罗妮卡家的小故事。她的叔叔三年前去世了,留下了一栋大房子和一大片庄园。因为叔叔事先没有留下任何遗嘱或遗赠,自然他的妻子就按照法律规定获得了一部分遗产。而另外一部分则分给了叔叔的两个孩子:阿莱克斯和玛丽。

故事讲到这一切都很正常。但是需要注意的是这位姑母已经年逾70。维护起这么大一所房子姑母感到越发吃力,她想移居到法国南部。问题也因此出现了,她没有足够的钱买一所新房子。

"她可以卖掉现在的房子!"

然而事实远没有这么简单。考虑到子女们也拥有一部分房子的产权,她不能随便处置这栋房子。阿莱克斯的生活不是很富裕,他可能很愿意卖掉房子分得自己的部分。而玛丽却不打算这么做,她坚持自己的决定,认为这所房子是对数年来发生在这里的事的一种纪念。

最终,他们的母亲也未能处置这栋房子,而只能用有限的力量维护着这座房子以免其破败。阿莱克斯在经济上并不能分担母亲的重担,因此玛丽的压力变得更大,她竭尽所能来帮助母亲维护这所房子。

不论你的年龄多大,我都建议你制定一份遗嘱。这不仅是

为了表达你的意愿,同时也是为了保护你身边的亲人,以避免纠纷和使其他人陷入窘境。

我举例说明另外一种情况:如果你再婚了,虽然你也很喜欢现任丈夫的孩子,也想留给他们一些东西,但你肯定还是希望自己的孩子成为第一顺序继承人。无论如何,一份遗嘱都可以保证事情按照你的意愿发展下去。

当然我不大可能列举出这其中的所有情况。因为有数不胜数的各类情况,可以说有多少个家庭就有多少种不同的情况。这些情况根据每个人在家庭中扮演的不同角色、不同的生活经历、不同喜好和愿望而不尽相同。因此你们应该和你们的公证人一起将现在所拥有支配权的财产罗列出来。

我不得不承认关于安全感的这部分内容并不那么令人兴奋,但还是请不要忽略掉这部分。因为对于建立一份遗产,尤其是为了我们心中的平静,这部分是很重要的基础。

现在你已经拥有了这么多保镖,就让我们一起来着手构建我们的未来,用这种方式来积累更多的财富吧。

第七章
买房还是租房？

买房还是租房？如果是自己住，那么买房和租房没什么区别。

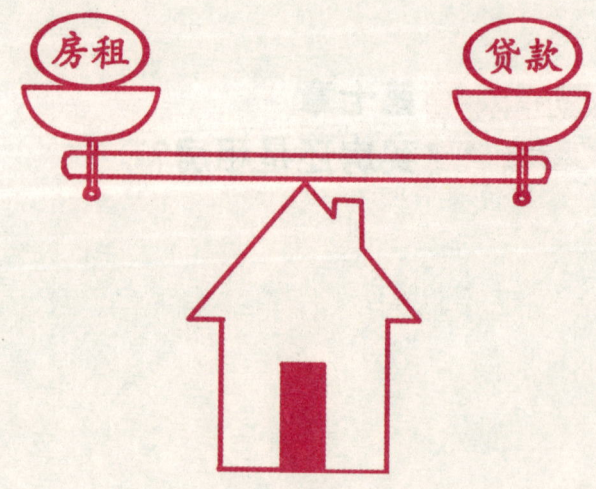

第七章
买房还是租房?

近几年房地产市场急剧升温,引发人们对经济利益的深刻反思,买房还是租房,究竟哪个才是对自己和家人最好的选择。这取决于你的财力,你的期望以及你的目标。你会发现并非一定要拥有房产,尽管这不是一个坏主意。

在接下来的段落和章节我将告诉你们更多决定要素。我会告诉你们一些技巧,这些技巧可以让你们以最合适的价格买到房子,避免一些可能使你花费过多的错误。我们还将看到如何用最好的方法得到银行贷款。

租房 = 把业主的钱从窗户扔出去?

你可能听说过租房就是浪费金钱。我个人则不太同意这种说法。因为除非你继承了一间公寓,大多数情况下你仍要为你的住处花钱。或者支付租金给业主,或者为了拥有自己的住所

偿还银行贷款。这取决于从财力上和舒适度上看哪一种更吸引你。

"在我看来,我更倾向买房而不是租房。我今年50岁,20年前我买下了我的公寓。我非常高兴这样做,因为这无疑是我一生中最棒的投资。"

许多人认为买房是他们做的最好的投资。因为通常这是他们唯一的投资。他们认为,如果他们的住房升值,他们一定会因此变得富有。事实并非如此,因为相反,大部分人认为,不管你是业主还是租客,你的住房在现在和将来都会产生不可避免的消费。这是一种负债,严格来说不会带来任何收益。

你的房产是强制性的负债,

不会带来任何收益,

只会产生开支。

"我并不完全同意您的观点。我花了80 000欧元买我的公寓,现在它已经升值到200 000欧元。所以这不能说是一种负债。"

老实说,我很为你高兴,但你公寓的价值并没有使它成为资产。此外,假使房地产市场已经下跌而不是上升又怎么说呢?

第七章
买房还是租房？

这都是时有发生的事情。1991年至1996年间，价格下跌了40%，很可能我们将面临新的市场下滑（现在是2008年），我稍后会解释原因。

如果你的公寓升值，你应该觉得你是幸运的。但你既不能花这200 000欧元也不能为此停止工作。你的房子是负债，严格算来不能带来收益，如果你的财产超过760 000欧元，它反而会产生许多支出，如土地税、市政税、公寓费和其他可能的现金支出。唯一能把房产当做潜在资产的人便是你们的继承人。除非你决定卖掉它去买更便宜的公寓，并将增值的一部分钱存起来。

"所以，我会再次成为租户。"

现如今的房地产价格使人们产生这样的思考。但这只是理论，我不能确定把希望寄托于卖房子是否是一个好主意。谁敢说两年后房价不会比现在更高，或者房租不会由于房源不足而急速上升呢？

再次成为租客意味着你卖掉代表安全感的处所。即使这是以银行存款数额增高为代价，你是否真的准备好这样做了？正因为有许多人去世的时候房子几乎是他们所有的财产。

我们以数据来说明，以150 000欧元买一套公寓，还是以每月600欧元的租金来租公寓。要想成为业主，你需要借贷4.5%的贷款超过20年，即每月支付950欧元，比租房多支付350欧元。

您可以采用以下三种方式:(1)租一套更大更舒适的公寓使自己过得更开心;(2)把这些钱拿去投资;(3)介于以上二者,拿出这笔钱的一部分进行投资。

假设你选择当租客并把你的 350 欧元以 8% 的比例储蓄或投资,或者按照 12%～15% 的比例每年储蓄或投资,稍后将看到正如我们的朋友伊莲娜所做的一样。20 年后,你的账户上将有 207 576 欧元的可用存款,而不是不动资产。什么都不做只是每月进行储蓄或投资,这是你当业主无法做到的。

作为业主,在还完贷款之后,你可以像房客一样将 950 欧元按照 8% 的比例进行储蓄或投资。10 年后你的账户上将有 178 359 欧元的存款。若房产每年增值 3%,那就是 388 361 欧元,你的总资产将达到 566 721 欧元而且没有欠款。

作为房客,如果你继续每月投资 350 欧元,在同样的时间后,你的账户会有 512 853 欧元存款。但不得不支付每月的租金。这是一种不会增加的负债形式。

由此看来在这个问题上不只有一个结果。

"好吧,但若要这一假设实现,需要在整个期间考虑到定期差异并作相对调整。我们都知道鲜有人这样做。且不提很难找到每年可以获得 8% 的利润的投资。你为何觉得房地产一定会下滑呢?它从未停止攀升。我们等待的时间越长就将越买不起房子。"

怎样投资能获得 8% 甚至更多的利润,我稍后再为你们介绍,至少会给你们介绍三种投资方式。如果储蓄是你投资计划的一部分,你完全遵守预定程序,那么很显然你会实现你的目标。但我们必须认识到,贷款消费是一种强制性储蓄,以帮助那些不能控制自己的人实现他们的承诺。贷款在购买资产上算是积极的一面:它迫使你致富!

好消息:房子将降价

回顾房地产的发展,房价 10 年来从没有停止上涨的趋势,你们认为房价还能再涨多少呢?在这 10 年内房价平均上涨了 120%。另一方面,工资远远没有以同样的涨幅增长,致使越来越多的人买不起房子。对于已经拥有房产或者打算买房的人,因为价格上涨而不得不放弃继续购买房产的计划。更何况多年来利率不断上调,从而进一步限制了潜在买家的贷款意愿。

所有这些因素使得潜在买家的数量不断减少。渐渐地,房地产市场供大于求,从而使房价降了下来。卖方将不得不调整价格来迎合买家的购买能力。

如果我们坚持我们刚才讨论的,在买房之前询问购买利息的做法是合法的。从长远来看这并非是最好的办法,但起码不是个坏主意。因为人生不能用数字来概括,购买房产也需要考虑财政支出。这是人们心理上的基本安全因素。

我也理解你更喜欢待在自己的家中,而不是询问房东可不可以换掉房间里贴了二十多年的印花壁纸。你也可以你毫不介意并自由支付你的租金。这是你的选择。

但是,一旦你不必再去租房(继承或赠予),或者如果你的房租很低,我会建议你买房子。因为无论是租房还是买房,你每月都要花钱在住房上面。区别在于,买房子意味着随着偿还贷款你将渐渐摆脱负债,而如果租房的话则不然。

租房,4年后成为食利者

选择租房而不是买房可以让你把20%～30%的钱先储蓄起来,提前储存投资的本钱以创造财富。这一点,埃莉斯·弗兰克的选择可以证明,贷款买房后就不再有同样的贷款额度,因此她决定继续租房,把她的贷款权利用在石料投资上。

埃莉斯决定利用她的遣散费改变她的生活,并以房地产投资的收益取代她以前的工资。几年后,她的目标实现了。虽然一直在当租客,埃莉斯也有了几处房产,这些房产的租金基本取代了以前的工资①。

---

① 了解更多她的故事以及投资技巧请参阅《我如何在四年后成为食利者》(Maxima 出版社)。

第七章
买房还是租房?

> **案例:**"经过四年的增量投资,我终于可以不再为今后的生活忧心忡忡了,即使不工作,房产的收益也能基本代替薪水!我是通过一个为期四年的房地产投资策略获得了这个结果,在这四年中,无论房地产价格怎样变化,这个策略始终有效。同时,不论你投资的预算多少,即使是非常少的投资,它都能为你带来利润。"(埃莉斯·弗兰克)

何时当业主或租客?

如果你选择当租客或是不得不如此时,尽一切努力去投资以增加个人资产。要么有固定资产有所保障,要么以再次合理的价格去购买。

做买房或是租房的决定时还有另外一个因素要考虑:房产年限。每次您购买物品,你将不得不支付一定的"公证"费用。假设你20年还完全部贷款,你就必须再用两年半的时间分期偿还公证费用(原来是7%)——在比利时则需6年偿还20%的公证费——且要在以同样的价格转售的情况下。这与10年后房价居高不下的纯粹假设相悖。此外,正如我们所见,租房很可能会比较便宜,如果你买房期间很短,这很可能会使你赔钱而非赚钱。除非你真的确定价格急剧上升以抵消这些

费用。在这种情况下,它不再是投机而是魔法师水晶球的预言。

在哪里买?在哪里租?

位置和地区是决策时不可忽略的重要参数。如果你想买下来自己住或是出租给别人,我建议优先考虑市中心的房子。你可能会支付更昂贵的费用,但这对出租或再次出售你的公寓大有好处。此外,你减少了开车去购物或是接送孩子的次数,这为你节约了不少汽油费。

如果你喜欢当租客也要考虑成本。既然你在汽车上面的花销少了,这部分预算将包括在租金里面,而不应该对你的购买力有负面影响。同样,如果你要住在市外,你必须在房租中预留出汽油费的预算。

另一个建议:优先考虑多种经济区。大量公司吸引居民居住的区域鲜有失业现象。这意味着有更多的购买力和具有偿还能力的潜在候选人。到时候你会发现出售或是出租都很方便。

相反,对于只依赖一两个大企业的区域切勿掉以轻心。搬迁的趋势将使你承担房产贬值的重要风险,在你想出售或出租房子的那一天会很少有人对你的公寓感兴趣,除非你与该地区有特殊关系。在这种情况下,最好是租房和并用最大储蓄进行

第七章
买房还是租房？

投资。

现在是关心一下你家产发展的时候了。作为第一步，也作为本章的延续，我们将在后面的章节着重讨论房地产投资理念。

第八章
如何利用房产致富

用银行贷款撬动房子

第八章
如何利用房产致富

目前我们已经了解了作为负债的房产,我们不得不为了住所而支出。但房产也可以用来投资。

有两种方法可以利用房产致富。第一个是买一个公寓或是房子,高价出售。在这种情况下,你通过销售价格和购买价格之间的差价实现资本收益。第二个是买下房产,租出去,利用收取的租金偿还全部或部分月供。这就是我说的使用别人的钱:银行贷款的钱和租客付的租金。这个过程被称为"杠杆效应"。

杠杆效应

要使用杠杆效应,至少有三件事需要考虑。第一,你买的房子。然后是最重要的:你。你是支点。通过借贷,银行鉴定有足够的偿还贷款能力。如果不是这样,假设便不成立。第三个因素是杠杆的长度。它联系着信贷期。时间越长,你越会事半功倍,这将使每月还贷更容易。如果时间比较短,你每月要还更多的月供,这很重要。相应的,你会缩短贷款的期限和少付利息给银行。

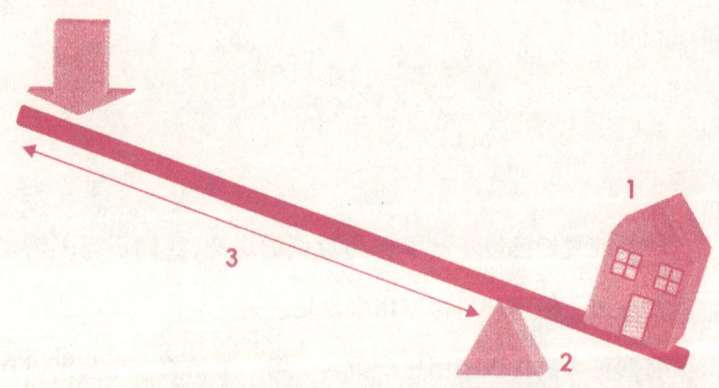

最好的租赁投资是那些出租的租金包括所有物业开支的租赁。那时候才是真正地使用别人的钱。这也决定了你是否能通过房产致富。或者银行和卖方是一个很好的例子。越脱离这个平衡,投资将越少赢利。

还是以你的公寓举例,假定你把它出租而不是自己使用。你当时的贷款是多少?那时你的房产值是多少?今天你又能把它卖多少钱?

"那时公寓的价格是80 000欧元。我付了20 000欧元的首付,并从银行借了时限为20年的贷款。现在房子价值200 000欧元,潜在增值120 000欧元。

事实并非如此。实际增值额为180 000欧元,因为200 000

第八章

如何利用房产致富

欧元是由20 000欧元来的,而不是当时你支付给卖家的总额。这相当于以每年12.2%的利率存钱。这就是说,如果你找到另外的投资方向,通过投入每年20 000欧元也可以达到同样的效果。

但为了确保这个计算的准确性,必须是除了偿还贷款和税务等你没有一分钱空置,空置期和不可避免的维修都包含在公寓租金里。不要忘记管理的租户。

所有这些方面都必须加以考虑,因为每从口袋花出一欧元,都会减少你的投资,这势必会降低赢利。因此,如果我们假设平均每年你花费2000欧元支付各种费用,20年后将累计超过40 000欧元。这些花费只是开始,同等额度投资以利率6.2%计算的话,这会使你减少140 000欧元的赢利。根据过去20年货币市场平均赢利,你应该同期进行房屋储蓄规划。

当然,这种计算只是近似值。其精度取决于诸多参数,如租金价格的变化、征税以及可能产生的免税。这也将取决于你支付的价格。如果你买的太贵了,就减少了最终受益和投资回报。如果买时价钱合理,这会增加转售和赢利。

在任何情况下,如果你对投资房产感兴趣,我强烈建议关注所有这些方面。如此,一个简单的投资也能更为有利可图。

10%规则

如果你想买房用来出租,我最好的建议是,如果每年净租金比你所支付的10%还少,包含所有费用,那么很可能这笔交易你无法赢利。这就是说,如果你为房产支付200 000欧元,包括公证费,每年的租金应该至少为20 000欧元,或1666欧元每月,才有可能确保不赔钱。

使用10%的规则,若这条规则不成立则不要购房。如果没有任何安全保障,则不仅影响你投资的回报,还会使你陷入一个长期搁置期的困境。当你找不到符合这些标准的属性时,我们就认定你支付的太多了,将钱用到别处将会有更好的结果。

"这太难了。在当前的市场是找不到一份租金为房产10%的生意的。"

这也许困难,但是并非不可能。在我的第一本书中,我描述了我是如何以200 000欧元买了一幢7间公寓的大厦,那时我的口袋里没有一分钱了,甚至无法支付公证费。这时我得到了租金为12%的回报,即使那时的市场情况很强劲。(详见《人人都能成为有钱人》)

总是要抓住一些机会,只需要找到它们,这要从搜索说起。因为我可以向你保证,它们将永远不会因为你要投资这个简单的原因来主动找你。在搜索时你总能找到机会,当我可以告诉你伊莲娜的故事,你就会发现你可以很巧妙地掌握真正简单的、满足每年10%规则的房地产投资。

伊莲娜的停车场

10年前伊莲娜离婚了,她在一家牙科诊所做助理。她没能力购买住房,她和她女儿租了一个两居室。

有一天,他的老板将要退休,并要把工作室卖给另一个牙医。由于他很喜欢伊莲娜,并感谢她对他的忠诚,他主动提出以半价卖给伊莲娜他所拥有的停车场。就是7500欧元而不是15 000欧元。由于对方没有接受提议,并且没有任何投资停车场的意愿,他承诺如果她租不出去停车场就重新买回来。

伊莲娜在尝试出租停车场之前,没有给出最终的答案。于是,她贴出了每月100欧元出租停车场的广告,以测试它的汽车租赁潜力。一周后,她接到了不少于10个回复。其中一半人是在同一栋大楼工作的人,而另一部分人是住在附近的居民。

考虑到应付日常生活支出,不浪费购买力,看到如此旺盛的求租需求,伊莲娜决定以每月80欧元的价格同时把停车场租给两个人,第一个人白天使用,他是来这个地区工作的人,第二个人在晚上和周末使用。结果是停车场带给她每月160欧元的收

入,而她的投资是 7500 欧元。租金占投资的 25.6%,这还没有考虑租金涨价和停车场升值的情况。

"好吧,但是她可以做到这一点是因为她老板的资助。"

这其中的确有点运气的原因。但是当礼物摆在面前时,她只是把脚放在马镫,将机遇变成时机。机遇只青睐有准备的人。如果你以正常价格买了停车场,使用伊莲娜的租赁方法也可以有 12.8% 的赢利。

今天,没有什么能够阻止你做同样的事情。你可以在流通的邮箱中、商店的角落投放广告或者查询到周围地产代理来检测租赁潜力,然后再决定购买。或者你也有停车场并且只在晚上和周末使用。

最后,伊莲娜承担了 22 500 欧元的贷款,来偿还她的老板,并且买了第二个停车场,以同样的租赁方式出租。

10 年后,伊莲娜在该城市有 20 多个停车场。她继续定期购买新的停车场,前提是允许她进行双倍租赁,她拒绝只租给一个人使用。

"她贷款容易吗?买 20 多个停车场,银行家难道不会对她的偿还能力产生顾虑吗?"

银行要做的就是进行风险评估来决定是否提供贷款。在伊莲娜的实例中,风险极小,原因有以下三点:

不论什么位置的停车场同一时期都有两个租户。他们因为

第八章

如何利用房产致富

不同的原因占用停车场,或是工作或是住在附近,同时停止租赁的可能太小了。更何况一般停车场只租赁一个租户的情况就可以支撑平衡。

通过购买整个城市的停车位,利用不同地域降低了风险。除非所有地区在白天和晚上同时受灾才会影响到她的生意。停车场比公寓便宜,所以财政风险较小,较轻微,这使她更容易获得信贷。

如今,停车场带给伊莲娜每月 3000 欧元的收入。她和新婚丈夫买了公寓并停止工作。这让她有更多的时间来管理一个小企业,搜索其他机会并养育她的第二个女儿。当然,这没有使她变成亿万富翁,但是在她 38 岁时已拥有 300 000 欧元的财产,这比她过去工资的两倍还多。

顺便说一句,你并非必须借贷款来购买房产。如果你想买一块场地或是停车场,成本只有几千欧元,可以考虑制定更容易的消费信贷。但由于这些贷款是短期,你将不得不支付更高的月供。如果是租赁性质的,这将使你更快地偿还贷款,同时更快地致富。

"但你说过我们应该不惜一切代价避免信贷消费!"

我说过的是不要用信贷消费来买产生负债的东西,以及所有在当时会贬值的东西。如果你买的是可作为资产的东西,这将算是贷款,你将承担借债并从利息中获利。

> 注意:合理使用信贷消费可以使你获得同房产信贷一样的利率。同时,还要注意那些吸引你注意力的"利滚利"式的利率。这些利率没有借贷期限,最高借贷金额可达数千欧元。此外,你需要支付的利率高达15%。请阅读那些带有广告的小字部分的内容。

"如果我们有闲钱的话为什么不用现金支付呢?"

这完全取决于你购房的目的。如果你是想买房几年后再高价卖出获得差价,那用自己的现金,将无法使你得到任何利益。更不必说是用租金偿还贷款和其他费用了。你可以把金钱投资到回报巨大的产业中如证券(从长远来看),得到的增值额可以用来投资房地产。

怎样才能不支付增值税?

从房产中获得收益时将要支付增值税。除非你是将公寓、住房用于私人住宅使用,才不必缴税。除非像蕾亚一样,否则不能将个人住房用于出租等商业用途。

1998年,蕾亚和她的丈夫以150 000欧元买了套公寓用来出租。两年后马克和蕾亚离婚了。两人都想卖掉房子,因为这几乎是他们的全部财产。

那时,我建议蕾亚从她前夫手中把另一半房产买过来。蕾亚对我的提议并不感兴趣,房子如果她一个人住太大了,而且购买的费用也很高,财务上的负担使她担忧。直到我给她指出:(1)她购买前夫房产的价格比市场价格低30%,这使她拥有不必交增值税的好处。(2)她要支付的费用很有限,因为她同样是房产的拥有者。(3)她可以出租一部分房屋,自己住另外一部分。她也正是如此做的。

2005年,蕾亚将房子以180 000欧元的价格卖掉且不需支付增值税,5年中收益的房租使她足以偿还贷款。

如何妥善投资房地产

如果你在犹豫是不是进行出租投资,或是你不确定租金价格,我建议你买新公寓。通常,你所支付的等同于一个旧公寓的价格。你要做的只是关注一些分类广告。

事实上,旧公寓更昂贵,主要有两个原因:第一个问题是公证费。对于旧公寓,你将支付约7%的价格,而新公寓只需支付3.5%。最终购买价格决定差额。然后,当你购买旧公寓,你更可能有修理或维修,这将增加额外支出。更何况这会使你很费心费力。房地产开发商有保修义务,购买新房使你几乎十年内不会为这些事情分心。

另一个需要考虑的是租金。如果你不是专家,我建议你寻找确定能收到租金的公寓。我不是指未付的保险,而是确保在足够长的时期内可以将你的公寓租到一定价格。

越来越多的厂商向投资者提供这种机会。例如,根据罗比安法(Loi Robien)的规定,如果你的租期为9年以上的话就可以受益于租金。为了"协助购买"开发商提出解决方案(套餐),包括公证费和(或)数年租金的保证,同时确保管理租金和租户。管理和担保授权于专业化公司。

这个模式有两个优点:它不但通过保证租金提高你的经济能力,而且可以使你的财产保值。管理公司不管你的房子被租出与否都会向你支付租金,这就使他们不得不作出研究来避免他们没有入账单方面向你支付租金的情况。

租赁的时间越长,他们越愿意签署合同,他们能把你房子租赁的价格提高。所以,不要被经销商提供1年或2年保证租金收入的幌子所蒙蔽。通常这个不出租风险的"保证",已包含在销售价格中。实际上,价格上升才会考虑这一方面。最终你将承担没有赢利保障的过度支付的风险。

这种投资的另一明显优势是:如果房地产价格在未来几年内下降将不会影响你的收入,因为你有保证付款的保障。

第八章
如何利用房产致富

怎样买入

如果您对房地产投资有兴趣,有一个在购买前需要知道的真理:房产收益属于购买。这就是说,你应该专注于有升值潜力的房产,但也尽量支付最少,并与所有利益相关方谈判,即:卖方和银行。

与卖方谈判

卖方可以是以下几种存在形式:个人、销售商或地产代理。

如果卖方是个人谈判是非常简单的:只需提供较低的价格,等待他的答案,这于你百利而无一害。在一个采购房产案例中,结果将是数万美元。因此,价值 200 000 欧元的房子如果优惠 5% 的话就是 10 000 欧元。

一个常识性的建议:提出的要求要有分寸。一个卖家会倾向于与有好感的人打交道。另外,如果你试图得到优惠价格并且失败的话,或者你已经提出了使卖方不快的要求,那么你将再没有机会回到游戏的起点重新提要求。为了节省时间,你可以托词要向你的银行咨询如何有更多的收益。

另外,女士们还有一点需要注意。由于女性比男性更加情

绪化,她们往往会在对某个公寓"一见钟情"时要求较低。在这种情况下,她们往往已经做好了在价格上让步的准备,她们害怕因此错过理想的家园。如果这个买卖涉及你的主要居所,那这个"错误"几乎是可以原谅的。

但是,有两个建议:(1)保持冷静的头脑,记住永远不要问一个折扣。你可以告诉你没有足够的资金。这是一个完全有效的原因,哪怕是一个"小小的谎言。"(2)不要表现出很满意,因为卖方可能以此作为要价的砝码。

出租用途的房产投资,请记住你并不在其中居住。因此,喜欢的因素不能影响价格和赢利能力。任何其他因素都不能影响判断,你必须毫不犹豫地要求更好的价格。

如果要和地产代理打交道的话,您要考虑任何事情都会发生,只要发生一切就都是合理的。其实很多事都在你知道的边界内,如果你不大胆地问是不是能降 10% 或 20% ,你永远不会知道你有可能得到 15% 的降幅。另一方面,不要因为代理商称卖家不会同意而妥协。我无法告诉你我将错过机会,如果轻信了代理商的话。在得到房主正式的答复之前保持立场坚定。

如果代理商可以从中受益,他一定会站在你这一方的。他的收益在于交易达成。并不是完全由卖家的价格决定,他也接受佣金回扣。所以我建议你们谈判时别忘了这一点。这是另一种达到或是接近预期价格的方法——在卖方不接受你的提议的时候。

当卖方是开发商,你有机会谈判几件事情。首先你可以以随时签合同为理由得到一个更好的价格。如果开发商不愿让价,你可以多要一个仓库,或是厨房,或包括费用公证的价格。试试吧,你会看到结果。

开发商的价格由很多因素决定,市场情况是最主要的一个。如果你是与第一买家打交道,则会比较容易地获得合适的价格。很多时候,建筑商在建造一砖一瓦前就将他计划图上的一部分公寓卖掉,以确保其项目的有效性。

当开发商便宜出售最后几套公寓时你就可以享受到优惠价格了。有两种情况:(1)便宜卖掉最后的公寓可能对整个项目的影响不大。(2)因为市场状态不是很乐观。在后一种情况下,开发商经常借口说预定这套房子的人没有顺利取得贷款。如果房产可在两月内交付,这个原因很可能是借口。你可以以此为突破口来寻求更低廉的价格。一般情况下,在签署任何协议之前你都可以提出要求。

与银行谈判

银行是房地产融资的主要合作伙伴。但是请记住,银行理财师最主要的目的是在卖你东西的过程中赢利,即信贷。因此,

有些事情他绝不会告诉你。或者是因为他也不知道，或者是为了取得更多利益。

首先，如果你想顺利购买，不想出有关融资的问题，选择固定利率贷款而不是浮动利率。由于利率变动，后者每月还款额是不可控的，很可能会增加月供和租金总额的差距。

然后，洽谈利率。统计数字显示，人们并不习惯变更常用银行，这一数据甚至比更换配偶的数字更低。因此我建议你毫不犹豫地货比三家，尤其是你选择的银行。如果你怕得罪你的理财师，大可不必告诉他你也注册了其他银行。

通过比较，你会发现你的主顾银行可能不太愿意作出努力，其他银行则会为了争取到一位新客户更加殷勤和容易沟通。

同时联系几家银行还有另外一个好处：除非你已经非常熟悉银行业务，和越多的银行打交道，就会学到越多的信贷知识和谈判中要注意的要点。就如同有的银行可能无法提供手续费，而其他的可能不愿意根据你的需要，而是按你的现金流确定每月还款额。

在作出最后决定之前，请询问你的银行理财师选择他们的信贷有什么优势。不要被"我们是最好的、最完美的、最强的"等等这类演讲类语言迷惑，并要求他提供事实证据。记住，信贷意味着大量金额和很多年的还款。这值得最谨小慎微的斟酌和定夺。

第八章
如何利用房产致富

以下方面需在信贷谈判时引起注意:

- **询问超过还款期限是否有罚金**。在信贷到期前再次销售时,绝大多数银行将要求你支付未偿还本金的罚金。这种罚金为未偿还金额的3%(房产作为主要居所时例外)。

你可以在谈判中沟通罚金的问题,但你必须在签贷款协议时谈妥,并确保合同中约定了罚金参考规定。一旦你签署了协议,银行将不会白白送你这份厚礼。

- **要求调整月还款额**。你申请了固定利率贷款,你的租金将随时间而增加,你的收入也会随之增加,你将有机会提高月供从而更快地还清贷款。将房产作为主要居所时这是尤其值得关心的问题。

- **要求减免材料费**。按照惯例,银行为了审查你的情况将收取一定的费用。但这并不是强制性的,并算在客户账上。你可能听说过:银行收费后为你提供服务或借贷。所以,如果你的银行理财师告诉你它是书面的,不能有任何更改时,不要被吓唬住。

- **与银行理财师沟通时应注意的重要事项:你的负债率**。通常情况下,银行将给予的信贷月供不超过你可用收入的33%。我们要和银行理财师详细沟通这个数额。如果你选择了保证租金购买,理论上,银行不应只以收入作为信贷额度凭证,而应该根据租金和月供之间的赤字平衡来决定。

仍需说明的是,如果收到的租金正好与月供相等,逻辑上认为它没有影响到你的信贷,因为它完全抵消了租金。但实际上并非如此,大多数银行不将30%~80%租金算入收入来计量你的信贷额度。例如:如果你月收入为1800欧元,银行考虑到每月收到租金500欧元的80%(400欧元),它会使20年期限的每月还款额为726欧元,负债率不超过1/3。然而,如果只考虑30%的租金,你只能有每月还款不超过655欧元的信贷。

- **租赁投资的情况下,尝试借贷一切费用包括公证费和材料费,特别是如果租金覆盖月供的情况。**这样做你便是使用别人的钱去支付所有费用了。

要挣得多就得问得多

总的来说,如果你想从理财师那里获得更多优惠,你必须首先向他证明你有定期存款的能力。那样就有更多的机会使他明白,你的理解越深刻就越能解决问题和增加储蓄。

很有可能你不会从一家银行得到所有这些好处。尽管如此,没有什么能够阻止你尝试提出任何要求,因为你越问就越有机会得到,这纯粹是合乎情理和心理学的。如果你试图通过谈判解决所有的问题,显然理财师不会拒绝所有的要求,他将不得不做出一些让步。从经商角度上,对同一个客户说五次或以上

第八章
如何利用房产致富

"不",是很尴尬的行为。当然如果你的要求只有一个的话,那么拒绝并不是困难的事情。

另一个因素,考虑贷款利率:保险额度。你必须注意,每月月供要包括还款和保险费用,这就是你要考虑的总额。为了实际比较你的信贷成本,不要犹豫地要求理财师计算所有费用。

通过这些你就能成为房地产投资的专家,但这并不是唯一的投资方式。如果你想避免浏览分类广告或租客这些麻烦,仍有许多可以带来赢利的投资范畴。接下来的两章将会一一阐述。

第九章
为什么伊尔玛夫人从未在股市获利

第九章

为什么伊尔玛夫人从未在股市获利

你可能还记得二三十年前你父母买下房子时的价格。今天同样的价格只能买一辆车！我还记得在1962年我的父母以7500欧元的价格买下了一套三室的公寓,而且是在巴黎市中心！你知道现在这个价钱可以买到什么吗？连一间浴室都买不了！这就是通货膨胀,我们的金钱每一天都在贬值。

有两种方法不遭受通胀。第一种方法是增加你的收入。当收入与通货膨胀的速度持平,你就不会受到价格上涨的影响,但你也不会更加富有,增加的收入刚好抵消通货膨胀的那部分费用。

第二种方法是将你的一部分钱用来投资,作为你的第二部分收入来源,并使增长速度快过通货膨胀速度。在这种情况下,不仅会抵消贬值的钱,也会成为财产。

这就是我强烈反对将金钱闲置的原因。这样,只能减慢你贫穷的步伐却不能为你创造财富。

假设以3%的利息投资10 000欧元,那么20年后你将得到18 061欧元,这确实不是特别诱人。特别是这样的速度使你气馁并停止投资。现在假设同样的金额,但利息为8%。加上利息以后你的投资将被乘以4.6倍,从而达到46 610欧元!即使你没有10 000欧元,每月只投资180欧元,那么以8%的利息,20年后你也会拥有106 754欧元。

为了达到这个目标,你所需做的努力就是利息8%,而非3%!或者了解带来同样或者更多利益的投资。这就是我们接下来要讲的。

基本上有两种类型的金融投资。第一种类型是债券和货币。这些投资是安全的,但他们的回报几乎只有4%~5%。但是接着我们将会看到如何在某些情况下零风险地使收益加倍。第二种类型是股市,这无疑是长期投资回报最多的一种。

如何妥善地进行证券投资

"我对此一无所知。我试着买了几年股票,几乎全部赔了。"

大多数女性因为股票的高风险性并不喜欢炒股。我的另一位邻居伊尔玛夫人她就认为这很危险或是在碰运气,她经常抱怨投资的惨痛经历,更极端的做法是经过这两次失败之后,她们

第九章
为什么伊尔玛夫人从未在股市获利

的钱就只用在安全和有保障的投资上。但是,越是有风险的投资就越会带来巨大的收益。相反,男人认为这是风险,是一种挑战,毫不犹豫地将钱投入股市,虽然也许会全部赔掉。

我可以理解,人们将辛苦赚来的钱做少有回报的具有风险的投资是心存顾忌的。但最重要的是投资的回报真正重要的是产生资本收益投资,如储蓄账户。这种顾忌也使她们无法从中获利,而最需要这种投资的正是她们。

然而女士们,不要觉得男人比你们更适合股市。各种研究表明女人可以同男人一样做金融投资,而且随着年龄的增长,她们会更加适应金融市场。往往是因为她们没有太多抚育孩子的重担,从而有较多空闲时间关注投资,或者他们的孩子已成年,而股市是比储蓄回报更快更多的投资方式。

基于这些原因,我建议你将一部分积蓄用在这种最省时、回报最快的金融投资中。

"为什么不呢?虽然我还是一无所知。我不知道应该买什么股票,而且我没有太多闲钱。"

从实际操作上来看买股票比买房子更容易。在大多数情况下,您可以通过投资一定数目的资金获得数百亿或者千亿的回报。这种类型的投资对所有人开放。大量精力和财力是投资房地产必不可少的因素。

"是的,但房地产更安全。"

再仔细思考一下,房地产和股票都是有风险的,唯一的区别是对这些投资的看法。我们似乎对房地产更加熟悉,因为它是我们日常生活中不可分割的一部分。虽然股权不是强制性的,也离我们生活较远。更何况图像表现复杂和高风险的金融市场。

不过,如果你通过股市投资增加财富,你应该遵循:(1)不购买股票;(2)只投资尽可能少的资金;(3)长期投资。

"怎样才能不买股票不盯着股票在股市赚钱?"

我知道,前两种说法是有些混乱,但这完全是一个现实反映。如果您已经投资于股票,我相信您会同意以下说法。如果你从来没买过,这会节省很多时间、金钱和效率。

为什么不能买股票

提到股市投资我们想到的第一个念头就是买股票,这是合乎逻辑的,炒股可以使你一夜暴富,也可以使你瞬间破产。这在财政上和心理上都使人很痛苦。

主要的困难是如何找到好的股票,就是那些能使你在来年挣50%的股票。这就是说谁将会获得50%(这种股票一直都有,即使在股市下跌的时候),除了特殊的如石油股票我们能知道在未来几个月或是几年的走势,其余的是非常难以预测的。

第九章
为什么伊尔玛夫人从未在股市获利

如今的社会有很多影响经济市场的因素,除非真的有水晶球来占卜,否则想要准确地找到升值的股票是何等困难。

"那你怎样做呢?"

我会告诉你真相。我知道的并不比你多(差不多一样多)!当我看到一只股票涨或跌,我只能告诉你它当时的状况。但我无法告诉你这只股票接下来的走势。任何人,甚至银行理财师都无法据此提供更多信息。

以一个众所周知的股票为例。稍后我会告诉你它的名字。这家公司在20世纪80年代后期大张旗鼓地上市了。所有银行试图向他们的客户出售这只股票,特别是曾经在这家公司投资过的,更是声称这是世纪之股。你或者你的父母可能都买过这只股。

第一年股票就跌了30%。在短暂的失望之后,次年涨了100%,上升至8欧元。两年后,它的价格是1欧元,2008年初收盘时只有10美分!它就是欧洲隧道。

我无法告诉你这些不幸时有发生,我可以给你举个反例:法国电力公司股票在2005年底价格为30欧元,两年后涨了160%。所有银行都为客户推荐。

我想说明的是,大多数人都不知道他们应该买什么样的股票,什么时候抛出或什么时候保留。但是当理财师向你推荐某只股票的时候你就觉得心里有底了。他可能只是根据上级的指

示推荐这只股票,而并非比你对这支股票的潜力更有研究。如果你想知道他的说辞和个人目的,不妨问问他自己买了多少这只股票。

"那我们怎么办?没有人知道如何在股市赢利?"

为了在不熟悉的股市轻松简单地投资,在没有研究公司背景或者不知所措的时候,最好的办法是花钱请专家(相当于高薪保镖)。这就是说将基金理财知识运用到股票上,称为共同基金,缩写为FCP。

共同基金,高薪保镖

共同基金是由财政公司组织和运行的,这家公司负责筛选组成他们基金的持股公司。每个承销商购买共同基金和整体管理的福利股和经理人的专业知识。这就是我们所说的集体管理。

通过多元化投资来保护持票人的资金。因此共同基金经常将资金分散到十来家公司,以避免只投资一家公司的巨大风险。根据情况,基金经理有权选择仲裁该基金内容,以防止下跌。这就是说,在任何时刻,他可以转移部分资金投资于开放型投资公司、其他的波动较小的股份。

"你说过没有人能知道抛还是不抛。那为什么基金经理人

第九章
为什么伊尔玛夫人从未在股市获利

知道呢?"

诚然基金经理人比其他投资者知道得稍多一些。他们最大的优势在于比我们大多数人更有纪律性。这意味着他们在购买股票时有具体的战略,尤其是毫不犹豫地抛售以达到既定目标的时候。例如,如果一只股票涨了15%,基金经理人会估计它可能没有上涨的潜力了,从而毫不犹豫地抛出。

"我也很能做到这样的纪律性。为什么我不能自己买股票并在上涨15%时抛出呢?"

是否你这样做了却没有达到预期目标?

在股市投资方面,你要知道80%的投资者无法坚持原有战略,往往是因为他们根本没有战略!他们经常根据市场情况来选择股票,或者是根据他们当时的情绪或心理状态。当股市低迷,他们害怕失去、害怕赔钱,急着抛出手里的股票。很矛盾的是,如果他们的股票大幅上涨,他们也会因期待股票涨得更多而不愿抛出,或者对已经涨了100%的股票还抱有涨得更多的幻想。这就是很少有人能自己理智管理自己的股票投资,并从中获益的原因。

"为什么基金经理人比我们做得好?"

因为这是他们的工作,最重要的是这不是他们的钱!你承受着相当大的压力是因为你在用你的钱投资。如果你投资房地产,你知道它的大概价值但绝不是准确值。这会产生一个模糊

评估,即使房地产市场在下滑。

股票市场是完全不同的。你知道你的每只股的准确价格,你知道你赚了多少钱赔了多少钱。情况不好时将触发恐惧和痛苦,也会唤醒贪婪的本性,把赔掉的钱赚回来的念头会使你迟迟不愿意卖掉股票,即使达到或者超出了你预期的目标。

如何找到最好的共同基金?

虽然共同基金可以利用市场动态的优势股票,但他们并不是完全一样的。如果你正在寻找一个可投资的基金,我的第一个建议是忽略那些令人眼花缭乱的广告,忽略那些推销口号为年度最佳的基金。如果你的选择受到这些信息的影响,像买股票一样,那就相当于企图预知猜谜游戏的结果一样白费工夫。

如果你真的想选择自己的共同基金,我建议你关注那些近几年表现稳定的基金,并且关注在下跌时候的结果。如果你发现,在2000年至2002年期间,或者2007年其他基金暴跌的时候,有一只基金上涨或者下跌得不厉害,可以推断这只基金管理是正确的并且它将是个很好的选择。这种分析会让你觉得基金经理人很有能力,他的表现说明他能正确地掌控这些资金。尽管过去的表现不能决定未来的结果。

您也可以根据主题来选择一个共同基金。如果你关心生态方面，你可以买一些投资在可持续发展或者再生能源方面的基金。如果你认为水是一种很好的对抗全球饥饿的方式，可以投资致力于这方面的基金。共同基金也允许投资欧洲以外地区的基金如中国、印度等。

总之，伴随着财力的增长，你可以在股市实现梦想，不论是精神上还是扩大资本上。

要再投资还是要分红

共同基金通常有两种形式：分配或资本化。虽然是由相同的股票组成了基金，但不同的配置比例影响着共同资金的企业利润分配。

共同基金为所谓的"分红"，给持股人分配扣除基金价值的的红利。由于这个收入源于基金，未来业绩计算就显得不那么重要（复利）。所以你的基金将缓慢地增长，股息不被计算在未来表现中。

当然，你也可以使用得到的股息再次购买新股。但你得支付股息所得税，除非在税收信中并未要求（见下文），更何况用于新股申购的交易成本。

基金中所谓的资本化，是指在没人干预的情况下股息自动进行再投资。分配的资金归入基金中，它会增长得更快。未来

的收益来自资本和股息,这种类型的基金就是你要找的,最大限度地增加的资本类型。

如果你想获得收入就选择资金分配。这种获利来自企业分红,既不稳定也不规律,每年的情况都有很大的不同。公司经理可以在各种经济因素的基础上,决定取消或是减少当年的分红。这种随机分红的可能性使你可能达到预期的收入。然而基金会的所有公司同时采取了这个决定的概率几乎为零。事实上,你总是在赚钱。

银行自己的基金背后

由基金管理人收取管理费是选择共同基金的另一重要原因。管理费不应与交易费混淆,它在由金融中介机构收取的仅用来储存共同基金的账户中。起初,我们对管理费不会在意,因为它只是扣除每月赢利的1/12。

不过,如果你在两个共同基金中摇摆不定时,选择管理费较少的那个,因为他们与基金赢利直接挂钩。例如:两个共同基金在收取管理费之前每年赢利10%。如果第一个征收2.5%,第二个仅收取1.5%,投资10 000欧元,那么20年后第一支基金变成40 545欧元,而第二只基金将使你拥有49 725 欧元。就是说基金经理人从你那里拿走了9180 欧元!正是由于这个原因,大部分银行更愿意出售他们的基金。这样他们有机会收入手续费和管理费两种费用,或许还有我们将要讨论的管理权。

出于同样的原因,银行对于不愿卖的共同基金会要高价。这也是另一种促使你选择他们产品的方法。

> **实例**:我一直记着你的忠告,一家亏损3年的银行向我推荐他们的一支基金,而股市却在不停地上升。(弗朗索瓦斯·L)

并不是想跟银行站在对立面,要说明这家银行基金有多么的不好。我只想向你证明,所有银行商业系统的工作原理,使你学会分辨那些存在多年的、表现尚可的基金和哪些收费是合理的。所以记得他们仍然会被扣除的整体性能。

开始长期投资吧

一旦选好基金就要进行长期投资。这就意味着有好几年规律性地购买可自动付款的共同基金的股份。这样不需费心,你的账户存款将逐年增长。

"如果股价下跌,我的共同基金贬值怎么办?"

不要只着眼于股市,这也是全球经济情况的一个反映。经济加速发展的阶段就表现为股市上升,减缓发展的阶段表现为

股市下跌。不过没人能预知几周后或者几个月后的股市行情,你必须在动荡时期保留你的共同基金。倘若不然,你将永远无法在它上涨时获利。

如果你想卖掉你的共同基金股票,你认为它们不会涨得更高或者怕股市下跌,还是那句话,你这样做只是在企图预知未来会发生什么,或者是推测股市的明天。相信我,如果这样的话你将很难达到你的目标。推测股市是一种游戏,对于今天我们谈到的投资没有任何帮助可言。

如果你想顺利地投资股票和增加你的存款,需要多年的不懈努力,并且不要擅自推测股市行情。

如何投资共同基金?

要想简单地投资股市且不冒大的风险,最好的方法是每月向选定的共同资金投资一定金额。这就是"平均收益"。这并不需要任何的金融知识,完全符合我们的存钱理念。它具备适合所有市场形势的优势。

原理很简单,这是基于随着时间的推移股市上涨的事实。每次下跌都是低价购买共同基金和获得收益的机会;相反,股市上涨的时候你将损失一部分。

例如:假设每月投资 1000 欧元给"大赢家"共同基金。如

第九章

为什么伊尔玛夫人从未在股市获利

果第一个月份的股价是 20 欧元,你可以买 50 股。在随后的一个月涨到 25 欧元,你买 40 股,始终都是投资 1000 欧元。接下来几个月的价格分别是 19.15 欧元和 17 欧元。你分别买 53 股、67 股和 59 股。总共你有 269 股,平均价格 19.2 欧元,总共投资 5000 欧元。如果接下来几个月的价格是 21 欧元的话,你将赚到 (21 − 19.2) × 269 股,4842 欧元。

如果你以同样的金额投资一次,即只买 250 股(5000/20),收益将达到 250 欧元。赢利减少两成,股票减少了 19 股。这也将影响共同基金的未来价值。

这个例子表明,下跌是随后赢利真正的机会,从一开始就大量投入资金是无法赚到更多钱的。如果是这种情况,以上的案例表明,在股市疲软进行小份额多次投资,不要集中做高风险的集中投资。

"为什么不使同样的方式炒股呢?"

"平均收益"的前提是假定你买的东西升值。在炒股行为中,持股公司为了使用平均利益原则会继续投资。一点点不确定都可能会导致你投资的公司在来年遭遇危机,这会使你的一切努力都会白费。共同基金很少有这种情况。因为它是由许多公司的股票组成的,基金经理也会选择不同类型的投资内容,因此表现不佳的股票将被剔除出基金以避免对共同基金产生不良影响。

最后一点:一个美国经济报(晨星)研究的结果证实了这一点。研究显示,在过去的10年中,包括2000年到2002年的熊市,只有3.5%的共同基金亏损,而股票的这一数字是35%。简单来说,买股票比买基金的风险高10倍。

在哪里购买共同基金

购买共同基金必须通过中介金融,要特别注意特别投资金额和收费项目。

在购买共同基金时你要支付交易费,也就是交易权。为此,银行可能会向你收取固定金额,并按交易金额的一定比例进行收费。这将产生重大影响。如果你每月投资150欧元和最低收费是10欧元,你将支付6.66%的佣金。

按照这个收费标准,每月在年赢利10%的基金上投资150欧元,15年将收入58 750欧元。同样收费1%的共同基金将使你收入62 280欧元。二者之间相差了3530欧元。

其他需注意的费用:银行从账户中划走的共同基金保管费,不同于内在的管理费,保管费是可以商议的。可能在众多银行中,有的会给我全免,有的只会给我20%的折扣。还是那句话,不要犹豫,向银行提出你的要求,这样才有可能得到你想要的。

通常情况下,请仔细审查所有有关投资的费用,并且不要忘

第九章
为什么伊尔玛夫人从未在股市获利

记,付了多少钱和收益不一定成正比,银行提供的基金也未必是最好的。

合理收费。我建议你使用在线经纪人,这些都是专门中介组织,高效且保险。他们的价格很有竞争力,并提供广泛的共同基金。他们的网站可以通过查询过去表现帮助你选择最佳的基金。

虽然这些中介的费率极具吸引力,但一定要确保请他们的实际价格也具有竞争力。最好多比较几家中介机构,尤其是销售同种共同基金的中介。

共同基金受益于多种股票。这样做的目的是产生资本收益。但是,为了最大化增加资产,要支付尽可能少的税款。这就必须从股票表现中扣除,我们在下一章中会详细讨论。我们将看到如何使你的账户支付5%,以及如何根据年龄和未来需求进行投资。最后,我们会看到你的雇主如何可以使你每年收益11%。

第十章
把钱放在哪里可以少缴税

第十章

把钱放在哪里可以少缴税

有几种存款选择,要根据你的工作情况、年龄、短期、中期或长期的目的选择最适合你的方式,以达到保护资产、少缴税的目的。

证券账户

第一种可能性是证券账户,就是我们所说的开放型投资公司。在你确定不会一次支出 25 000 欧元以上时,比如买一间公寓,开放型的投资公司是很好的选择。套现金额超过这个门槛就要缴纳资本利得税和普通社会保险捐税。所幸没有限制在 12 月 31 日套现 25 000 欧元之后紧接着在 1 月 1 日再套现 25 000 欧元,这样就可以短期内取出 50 000 欧元并且合法地避税。

其他信息:8 年期限结束的时候,你可以自由出售你的共同基金,且不需缴纳增值税。相对的,你需要支付增值部分的普通

社会保险捐税。

股票储蓄计划

第二种可能是股票储蓄计划。他的名字没显示出,是要储存共同基金的部分,受益于免除资本利得税(并非普通社会保险捐税)。不过,只要你的投资计划为至少 5 年。最后你会以资金或者利息的形式收益。

注意:你不能在储蓄股票中存储任何共同基金,这是根据共同基金卖方指定的一些规定。相比之下,在投资证券账户时可以购买任何基金。

人寿保险

第三种选择是选择多种人寿保险。不要与死亡寿险这一概念混淆,死亡寿险只有在受保人意外死亡时才生效。死亡寿险和人寿保险这两种保险的相同之处在于,在失去财产的情况下,一切财产和利益归合同指定受益人所有。

收益分配规定是明确的。这就是说,被指定的收益人是被区分开来的。与纯粹的保险唯一的区别是,受益人存钱他本人受益。如果你已婚而且退休金很低,你就会是你丈夫签订的保

第十章
把钱放在哪里可以少缴税

险合同中唯一或主要的指定受益人。如果你自己抚养孩子,你的孩子就是受益人。

注意: 避免使用如"我的丈夫"或"我的孩子"这些模糊的定义,要实名指定你确实要指定的受益人。因为如果你是再婚,"我的丈夫"这一说法很可能使你的前夫从中投机受益。

复合型寿险支持存储共同基金,这个规定比股票储蓄要宽松。因此,你会发现共同基金的一个份额可能价值几百欧元。根据寿险保单,不必担心这些,你完全可以以150欧元的价格买到起价的共同基金。股票储蓄和证券储蓄是做不到这一点的,这两者需要必须购买股份的整数。

人寿保险还有另一种类型,称为单一寿险,正如其名所指可以发展一个金融产品,即欧元基金。这些债券型基金用于保障本金和利息,并通过所谓的"棘轮效应"的机制保障每个产品的利益。

这种类型的保险是应用最广的,同时也是受益最少的。让我解释一下:首先它允许收益产品不交税,普通社会保险捐税除外。但须知单一寿险的规定每年征收普通社会保险捐税,即使在合同期内直接作用于收益。

但很少有人知道的是,复合型寿险可以像单一寿险一样使用,即只投资一种欧元基金,区别在于撤回全部或部分储蓄时缴纳普通社会保险捐税,并永远不会发生保险内容转移至指定受益人的情况。如果一种没有风险的欧元基金作为复合型投资每

年赢利5%,则作为单一型投资只能赢利4.45%。也就是说,如果你选择的单一型投资使你年收益4.45%,那么你可以将它投资为复合型,这样将使你年收益5%。

> 一点金融知识:债券是由国家以及想要筹集资金的公司发行的。持票人在债券有限期内以息票的形式受益。债券到期时发行方偿还全部债务。

实际上,投资10 000欧元在为期8年(收益的最短合同期)利率4.45%的项目上,单一型保险最后收益15 604欧元,复合型保险收益16 289欧元。基于这一原因,复合型投资更受大众青睐。

复合型投资支持套汇。这就是说,任何时候你都可以取出一部分去买车,或是如共同基金和欧元基金一样将储蓄进行分散投资。这点很重要,因为它优化你的合同内容,以满足你的目标和阶段。我们稍后将会详细讨论这一点。

将寿险投资当做降低5%的酬劳使用

一定时期后,你投资的保险将支持自由存储或提取资金。因此,如果投资的保险在2008年收益5%,而你在几个月内存一笔钱,这个年利率就是你要支付的。这比储蓄账户或证券账户要多一些。但同样不必缴纳资本利得税,支付较少的普通社会保险捐税并且无存款的最大的金额制约,即 25 000 欧元。你可以进行安全的储蓄享受最大化的收益。

但是,这一条仅适用于你买寿险的机构不对你的存款征收手续费的情况。否则,手续费会使你短期储蓄的回报大打折扣。应当指出的是,你要求存款和存款生效是有一定延时的。

建议:如果你没买人寿保险,今天就去买吧,大部分时候你只需定期存储最小数额的资金。从现在起,即使只投资两年,你将会受益至少六年。

其他,也许金融投资和投资保险都会要求你每月存最低限额的金额。这是收益之前唯一需要跨过的障碍。很可能你发现在这种情况下并不是心甘情愿地同意投资。即使你遇到困难无法支付最低金额,也不会造成合同终止。

中国寿险小知识

很多投保者都知道寿险的保障功能,但是对寿险保单的理财功能知之甚少。

可以质押贷款的保单

办理保单质押手续简便。投保人在投保寿险后不要轻易退保。退保会使投保人在经济上蒙受损失,退保越早,保户得到的退保金越少,特别是在未交满两年保险费的情况下,退保金更少。同时,如果退保后再重新投保,会因年龄的增长而多交保险费。目前,国内保单质押贷款的期限一般最多不超过6个月,最高贷款余额也不超过保单现金价值的一定比例,这个比例各个保险公司有不同的规定,一般在70%~80%;银行则更为宽松,一般可达到90%。期满后贷款一定要及时归还,一旦借款本息超过保单现金价值,保单将永久失效。

需要提醒的是,并非所有人身险保单可以质押,必须是具有储蓄功能的养老保险、投资分红型保险及年金保险等人寿保险合同。此类合同只要投保人缴纳保费超过一年,人寿保险单就具有了一定的现金价值,保单持有人可以随时要求保险公司返还部分现金价值以实现债权,这类保单可以作为质押物。

不受法院冻结的资产保全工具

人寿保险的保单是受法律保护的,任何单位和个人都不能干涉受益人的权利。如果某人做生意时产生经济纠纷,对方要求法院对其做诉讼保全时。某人的所有财产,除了人寿保险的保单外,都将被法院冻结。虽然银行账户有钱却不能用。这时,他就可以拿保单的现金价值来向保险公司贷款,以作应急之用。

收益金无须缴税

我国的《个人所得税法》、《继承法》等,均规定了人寿保险的受益金不予征税。发生继承时,也不会作为一般财产分配,而要按保单指定的受益顺序和比例受益。人寿保险是唯一的能够满足在人身故时引致大量现金需求的金融工具。以后,遗产税若开征,便可通过人寿保险的受益金,去缴纳遗产税。从而继承到父母遗留下来的巨额财产,而不会再被政府拿去拍卖。

编辑注:综合刘畅《用好寿险保单,理财不差钱》等相关资料。

在哪里签署人寿保险合同?

一旦签订合同请务必注意金融投资产生的费用。银行和保险公司的惯例是(为他们)每次投资收取2%~4%的手续费。如果你的合同持续数年,我建议你自己阅读开户协议并查看收费情况。实际上,如果你每次投资支付4%的手续费,你的投资每年带来相同的利润,你的投资在第二年前不会产生收益(到你手里的收益)。

一些银行也收取固定费用,这可以产生重大影响。我曾

见过一家银行向一个每月存储 50 欧元的客户征收 7 欧元。这就是向每年收益 3.7% 的投资收取 14% 的手续费!换句话说,储蓄在头四年并没有给他带来任何利益。按照这一速度,最佳投资方式是将资金进行简单的储存。一样要查清存储利率。从法律上讲,利率不应低于 3.5%。很多银行不会付给你更多。

如果你属于其中任何一种情况,并考虑到人寿保险不能从一个金融机构转移到另一个、停止缴款和重新签订合同。目前的合同将继续产生利益,但你的新投资将会带来更多收益。

你的第五个保镖

投资寿险的最后一个优点是有资金保障。我不是指能升值到什么程度,而是指它很安全。你应该知道,任何人寿保险合同持有的资金都不能被没收超过三分之一。

假设你处于欠款的情形,并因此快要破产,无论是税务机关或任何其他债权人,都无权剥夺你的寿险账户用于偿还任何债务,但如果你只是将钱存储在银行情况就不一样了。当然,投资 IN FINE 贷款也有这种可能,前提是你没有故意把寿险作为抵押品来做负债担保。

第十章

把钱放在哪里可以少缴税

全家一起致富

很多时候丈夫和妻子都在这样的公司工作。如果是这种情况,你是公司的员工,你就要大力进行这种投资。

如上所述,企业储蓄投资的赢利不必缴税。但是如果企业所有者可以依照法律,使你免除公司业绩产生的其他相关税收,依据企业储蓄规定收益的可征收的税款都可免除。此外,你可以更容易地决定员工投资额度,你可以最大化投资从双方(员工和雇主)投资中获得最大化收益,同时避免社会税收和家庭收入的征税。

妥善分配你的储蓄

过去40年的统计表明,股市平均每年收益10%。比较优秀的共同基金收益12%~15%,其中有些年是熊市,有些年是牛市。

总的来说,为了获得最大收益应当分散投资几种共同基金,但是我不建议你这样做。因为要考虑许多因素如你的年龄、处境,及其他投资和心理状况。

首先,如果你真的对股市不感兴趣,它使你恐惧,它的氛围

完全不能感染你,依然对此投资的话将是很糟糕的做法,你将得到很多痛苦而不是赢利。但是我觉得应该至少投资一部分积蓄,否则会造成资源浪费。

"好吧。但是不管投资多少,都存在风险。"

并非完全如此。这完全取决于你的投资方法。每次通过共同基金金融中介往股市投资,都将承担资产贬值的风险,但不会完全失去资产,因为资金的风险由内部管理和分担。投资公司股票的话则是完全不同的情况。如果公司宣告破产,你手中的股票将一钱不值。共同基金则需要所有公司同时倒闭才会使你完全失去资产。

这一点很重要,因为它可以使你免受失去全部资产的危险。这就是说,如果你按照我所说的策略去做,可以说股市投资没有赔钱的风险。

神奇的省钱公式

欧元基金和共同基金的分配是合理的,不受年龄限制的。然而年龄也起到重要的作用,应当考虑优化储蓄。一般来说,越年轻越应该选择资金增长快的投资,越应该以最大限额投资共同资金。这意味着为了你的孩子,你要通过股票投资为他们储蓄资本。

第十章
把钱放在哪里可以少缴税

> 要了解如何让您的孩子成为百万富翁,免费下载"所有的孩子都应成为有钱人"一章,下载网址:www.toutlemondemeritedetreriche.com/ envoi_infos/ tlf.htm)。

相反的,当你接近退休或想用退休金安度余生时,你就应该尽量投注在欧元基金的货币投资在人寿保险或者可变资本公司投资上。

我以一个简单的公式告诉你应该投资多少资金在共同基金上。那就是现在年龄与退休年龄之差的两倍。举例来说,如果你今天40岁,希望在62岁退休,投资共同基金的比例应该是(62-40)×2,即44%。假如你现在50岁的话,这个比例是24%。到你60岁的时候将这个比例减少4%或5%。关于频率,没有必要每年都调整。5年一调足矣。

有些金融中介建议使用现成的投资公式。最常用的术语是"审慎"、"平衡"或"动态"。第一条通常较少用在共同基金投资上,它可以囊括为全部积极投资的公式。所有时候,"准备好投资"也可以被取代。你只需计算,根据投资公式计算分配方式,与金融机构推荐的最接近的那个比较。把钱用于收益比存钱更丰厚的投资并不难,只需一些金融背景便足矣,另外还需要一些动力。当然,你的资产的多少也决定着投资数目的大小,须知投资越多资产增长越迅速。也是因为这个原因,我建议你看看怎样能多赚钱,而不是一味地多工作。

5 妙招让你少缴税

削平收入起伏,避免集中发放

工资收入尽量不要起伏太大,尽量分摊到每个月平均拿。在纳税人一定时期内收入总额既定的情况下,其分摊到各月的收入应尽量均衡,最好不要大起大落,如集中实施季度奖、半年奖、过节费等薪金,会增加纳税人的纳税负担。

用福利代替增加的名义收入

由于对职工福利和工资收入的税务安排不同,善解人意的公司不妨在政策范围内多发放福利(需注意目前饭补、房补等福利费已纳入个税范围),通过福利工资来合理安排,从而帮助员工合理避税。例如,车辆保养、旅游津贴、员工福利设施等,以抵减个人的工资薪金收入。

公积金,尽量多缴

公积金能多缴就多缴。按照我国税务部门的规定,职工每月实际缴存的住房公积金,只要在其上一年度月平均工资12%的幅度内,就可以在个人应纳税所得额中扣除。因此,高收入者可以充分利用公积金、补充公积金来免税。

投资国债、教育储蓄、保险产品与股票等

国债不纳税,被誉为"金边债券"的国债,不仅是各种投资品中最安全的,收益稳定,也可免征利息税。

相比普通的银行储蓄,教育储蓄是国家为了鼓励居民积累教育资金而设立的,其最大的特点就是免征利息税。而教育储蓄的实得收益还比同档次普通储蓄高出20%。但教育储蓄并非人人都可办理,其对象仅仅针对在校学生。

买保险节流税款,我国税法没有规定保险收益也要扣税。

此外,银行发行的人民币理财产品,还有股票、基金买卖所得差价收益,按照现行税收规定,均暂不征收个人所得税,当然也要注意其产品风险。

慈善捐赠抵税

捐赠不仅是善事,还可以免税。我国《个人所得税法》规定个人捐赠时,只要其捐赠方式、捐赠款投向、捐赠额度符合法律规定,就可使这部分捐赠款免缴个人所得税。当然,企业也可在年度利润总额12%以内免税。该政策实际上是允许纳税人将自己对外捐赠的一部分改为由税收来负担。当然,个人捐赠必须通过我国境内非营利性的社会团体、国家机关,自己直接给到受赠方手中的捐赠不享受减免个税的政策。同时,捐赠时应向相关社会团体、国家机关索要正式的票据并办理相关手续。

编辑注:综合MSN理财蓝格格。

《高税负吞噬白领大半薪水,6妙招让你少付冤枉税》等http://money.msn.com.cn/。

第十一章
如何能挣更多的钱

第十一章
如何能挣更多的钱

  我曾和一个开电脑公司的朋友在一起几年。他的公司有50多个员工。阿兰工作过劳,他的助理刚刚休产假回来,他需要立刻招聘一个人替代她工作。他怀着抑郁的心情并迅速招募这一空白职位。岗位要求是行政助理,而待遇足够丰富,薪酬高于平均水平。这吸引了相当数量的应聘者。阿兰采访了不同候选人,并以经典的起草邮件测试进行选拔。所有人轻松完成,但阿涅斯除外,她甚至没有接触电脑键盘。当阿兰问她是否具有该岗位应具备的技能时,阿涅斯并未慌张,并反驳说在过去三天她已通过至少20次类似的测试,一旦被录取如果需要的话她可以出示文凭。

  被她的大胆和快速反应所吸引,阿兰给她提供了一个销售职位,相信这更加适合她,可以使她的才能在销售岗位上得到更大发挥,而不是收发邮件。

  阿兰是对的。三年后,阿涅斯成为公司的销售经理。她领

导着30余人的销售团队每年为公司赢利100 000多欧元!后来,我们成了朋友,我和她谈起了当年的招聘。我告诉她我们当时嘲笑过她。

阿涅斯告诉我:"当时,我和我丈夫的关系很糟糕。我想离婚,但是我的丈夫是唯一的经济来源。我在经济上依赖他,在近10年中我沉迷于安乐享受。为了恢复自己的自由,我必须很快找到工作。但是由于有两个孩子要抚养,我的学历和缺乏工作经验使我很难找到合适的工作,我也不会接受那些工资太低的工作。处于人生最低端,我有许多要去争取而不是再失去。此外我想是我的家庭因素使我如此积极地寻找一份薪酬较高的工作。此外,如果不是假设能找到报酬高的工作,我也不敢轻易离婚。"

从这个故事我们可以得到很多结论。最重要的是最能决定我们未来的,就是如果你永远不尝试去得到更多,或者你从不去争取,那你所拥有的只是别人给你的那部分。

一般情况下,逆境使你得到的比失去的更多。另一方面,如果你什么都不争取,我可以向你保证你将不会得到有价值的事物。因为在生活中,我们更容易得到我们要求的那些,而不是我们应得的那些。

第十一章

如何能挣更多的钱

在生活中,你会很少得到你应得的,但会更容易得到你争取的。

你的钱也一样。越是知道怎样利用它,越是能支配它,越是能受益更多。在大多数时候,你只要敢想就会拥有。但是如果只蜷缩在贝壳里,满足于你所有的一切,你就只能拥有别人剩下的。这个道理很简单,也很残忍。

收入和生活质量

你的个人状况和个人收入紧密相连。不管收入从何而来,他们决定着你的物质生活和精神生活质量。

如果你的主要收入来自于你的工作,收入越高就越能提高生活质量,有越多存款。因此,即使到目前为止,我们应该好好利用你的资源,选择好你做的决定和你的行为,这些都应该为你增加或带来新收入。要么花更多钱得到自己应得的部分,要么试图使你的钱增多。

为什么不能拥有更多?

在一生中我们有很多可能可以拥有更多,包括钱。通常你

只需要争取和沟通来取得优势,加薪或得到优惠价格。这是另一种方式,可以使我们在生活中得到更多的事情。然而,很少女人这样做。最常见的借口是:

- "我没有这个习惯",或是"我不知道怎么做"。

如果你有这样的问题,请来我的工作室,我保证我可以使你克服这些心理障碍,养成凡事争取的好习惯。再强调一遍,这会使你得到的比失去的多,如果你什么都不争取,那就不会得到任何有价值的东西。

- "我不知道能这么做。"

老实说,你真的相信商人会说"我给你的低价,如果你想要的话我再给你打个折"这样的话吗?你绝不会知道与你对话的人脑中在想什么。你不知道他为什么要出售,和他已经准备好给出任何优惠。所以去问吧。我不能让你每次都能达到你的目标。不过,我能 100% 保证,如果你不问你将永远不知道答案。如果你不争取,你将不知道你能有什么。

如果你不问,你将永远不知道答案,你将永远不知道你能有拥有什么。

- "不用问我也知道行不通。"

担心遭遇被拒绝的尴尬场面使我们有时不敢去争取。没有人喜欢失败。但是如果你在争取之前就放弃,或者为了不去争取找借口,你就少了很多达到目的的机会。试着去争取更多,你也将会拥有更多。

敢于争取,将在人生中拥有更多。

- **"这很好。我付得起。"**

这是许多女性从不还价的原因:她们有足够的钱支付!她们甚至不问是否可以支付的更少,只是因为她们有钱,她们支付得起,以此避免还价被拒绝的尴尬。

- **"怕被人误会。"**

别人的目光很重要,没有人愿意被误解为贫穷或是吝啬。但是管理、保护财产或者想得到更多都与贪财无关。如果卖家以一个低价格卖给你,说明他想和你做成交易。他不会想其他问题,他的目的只有一个,就是把东西卖掉。也许你还没出超市的门他已经把你忘了。

- **"这又不是我的钱。"**

我知道这个说法可能会得罪一些人,但是我愿意冒这个险。很多女性不去争取用同样价钱买更多东西,因为她们花的钱不是她们挣的。很明显,如果不是你的钱你会花得更痛快,并不会在乎它的价值。因此许多男人说女人只知道花钱。为了使我不

成为公敌,我会说这句话同样适用于男性。

如何得到你想要的

得到是一种鼓励和成功,可以锻炼和提高自我评价。越是能得到你想要的东西,你就越有自我意识和自信心。例如:如果你获得加薪,你会对自己很满意,不只因为你的工资高了代表一种成功,更因为你有能力从工作中获取更多了。但是仍需要达到更多目的,并且知道实施方法。谈判的结果,可以理解为人与人之间关系的产物,也是一种相互吸引。因此一个女人的微笑将会对男士有很大的影响,一个金发的人更容易比棕发的人取得成功。(棕发的人总是在一些无关痛痒的事情上花费心思)

> 故事:一个调查报告表明,用隐形照相机跟踪一个带着两个大箱子的金发女性时,三分钟内 8/10 的绅士都会来主动帮忙。将金发女性改为棕发女性重新测试。十多分钟后只有两人来帮忙,其中一个还是女性。

我知道这听起来有点简单,有点大男子主义,但这是现实。因此如果你买车或者买冰箱时获得优惠价格,不要忘记微笑。如果你得到更多证明,想象一下上一次在餐厅被服务生冷漠对待的时候吧。你会想给他小费么?

第十一章

如何能挣更多的钱

友好、开放、热情,使你更容易达到自己的目标。骄傲、冷漠、不屑一顾、挑衅、偏执,会使你得不到多少,而且别人会厌烦或误会你。讨人喜欢不会让你费很大劲,它会为你和你的孩子节省数百美元。

你能得到什么也取决你的形象和你传达的信息。为了获得加薪,或者应聘新工作,你需要一个严谨和可靠的形象。如果是双手插兜、游手好闲的样子,你将不可能打动别人,也不会得到你想要的。

保持积极的态度,遭遇拒绝时不要气馁。不可能所有时候都会得到积极的答复,在开口争取前你永远不会知道会得到什么样的结果。因此,你应该养成凡事争取的习惯。否则,你可能会错过绝好的机会。

按照这些建议做事情也需要通情达理和有礼貌。这很显然,但却经常被忽略。这些建议使你每天可以节省一些钱,或者每天得到一包香烟的价值,即每天5欧元到6欧元,这相当于你的房子每天的收益(见第三章)!

你的价值超出你的想象

加薪10%、20%甚至30%后你会做什么?你可能会为了孩子搬到一个带花园的大房子?可能会为了早点退休赚更多

钱?可能会创立自己的公司?可能会更频繁地旅行?

无论如何使用增加的薪水,这将影响你的生活,让你获得更多的安全和快乐。你仍需要"努力"得到加薪,为将来做打算。

大多数女性都没有得到应有的价值,而我深信,如果她们可以更关心她们的工作和收入,将至少可以获得10%以上的加薪。

一个主要的原因是,她们没有在工作中实现她们的真实价值,或无法使她们的价值凸现出来。然而,如果你能证明你的价值,并将它"卖"给你现在的或将来的雇主,你将必然会增加收入,你的未来将会更有保障,人生目标也会更快实现。

试着在生活中持有积极态度和行为,这将使你获得更多收入和更加享受人生。以下建议不只是教你怎么能取胜,这是一种哲学现象。这将有助于在生活中发挥积极作用,在个人发展和金融投资中做出正确的选择和决定。

拥有更多的建议一:给予才会获得

你想获得,因此请付出更多。许多人,不论男人还是女人,在工作中找不到任何乐趣。他们忘了"最基本的原则",他们是为老板工作,更是为了自己工作。到最后他们被迫来到办公室,只看到事物不好的一面。他们越这样想就越不愿意工作。以下后果是不可避免的:他们不仅是最后加薪的对象,也是公司危机时最主要的裁员对象。

你的态度极其重要,对你的未来有决定性的影响。为公司付出的比别人少,将使你永远不会成为公司中必不可少的人。付出越少,收获越少。这是适用所有领域的永恒定律。

付出最好的,你得到的将比你想象的更多。你会满足于它的回报,并获得个人成就感(我们不满意于做错事情因为它是状态不佳的反映),加薪或晋升使你处于良好的状态。

如果你使用账户支付佣金,给予你的客户更多,他们将总会为你服务。这将巩固和增加你的收益。

拥有更多的建议二:不要接受过低的薪水

目前女性的薪水比男性少是一个公开的事实。除了我们经常提到的原因,还有一个被忽略的因素:男人总是更积极地追求工资。女性对工资没有那么强烈和执著,她们往往追求工作的稳定性和自由性,这种想法使她们更容易接受较低的工资。事实是你只能得到你同意得到的那些。

你获得你同意获得的那些!

当然,情况是有所不同的。但严于律己使你获得更多,更能

实现自我价值。最好的方法之一无疑是存钱。

我认为,如果找新工作时没有或只有少量积蓄,你将受财务制约从而想要尽快找到一份工作。相反,如果你能"观望"一阵,你将有机会找到一个薪水更高的工作。结论:更加"挑剔"使你可以拥有更多。

拥有更多的建议三:主动要求加薪

当试图要求加薪时,或尝试推销产品或服务给客户时,女性遇到最主要的问题是,她们太善解人意。这种"温和"的性格使她们更容易为他人考虑,包括支付她们工资的老板。即使你爱你的公司,告诉我为什么你不能得到你应得的价值呢?为什么你接受少于你应得的薪水呢?

你觉得公司会因为你比别人多赚了200或300欧元而给你加薪吗?好好想想,刚好完全相反。你赚得越少,越难加薪,越难实现自我价值。这样,不仅你得不到应得的回报,分配到的工作也将枯燥无味。这将阻碍你成为公司中的重要人物。与此相反,你越要求加薪,就越会被委以重任,越容易得到高薪职位。实际观点和绝对价值表明,以3%的比例给月薪1500欧元(540欧元每年)和月薪1300欧元(468欧元)的职位加薪,前者比后者对公司的影响更大。

第十一章
如何能挣更多的钱

女性没有加薪的原因还有一个：她们从不要求！这是多么的令人难以置信，但这却是事实。不要求加薪的原因很多，有几下几条：

- 在争取之前就已经"知道了"结果。她们已经为被拒绝加薪想好了许多理由，却从未想过能够加薪的理由。
- 她们说该公司正在进行重组，她能留在这里继续工作已经很幸运了。
- 她们太骄傲，认为别人都能认识到她的真实价值。这也是一种缺乏自信心的表现。如果你有此类的问题，请记住，你没有得到的100欧元加薪，以每年8%的利息存款，10年后就会成为18 775欧元，而你主动放弃了这笔钱，把它放进了你的老板的口袋里。
- 她们不想别人误解她只想加薪只想着钱。当然最好是免费工作。
- 她们害怕因为要求加薪而失去工作。
- 她们害怕被拒绝使自己处于令人尴尬的劣势。

其他原因等等。探索、聆听周围在发生什么，我相信你会发现更多女性从不要求加薪的原因。如在你想获得某种东西时，这种消极的想法会使你无法成功获得加薪，同样无法在银行获得最大利益。最后你不得不做出不必要的让步，这会导致一种挫败和无能的状态。尤其是当你看到别的女人毫不犹豫地要求

加薪成功获得更高工资的时候。

我不能保证你一旦要求加薪就会成功。不过,我可以向你保证,如果你不争取,你不但不知道你可以得到什么,同时也减少了得到它的机会。

不要害怕去争取,不要担心看起来是不是不合适这样做。如果你表现出你的动机、能量和决心,你的雇主会知道你是公司中真正有潜力的一分子。这使你可以更容易地获得其他收入较高的职位。如果在这期间可以证明你自己的能力的话,接下来你还会获得加薪。

接下来的问题是:我们应该怎样要求?我觉得无法明确回答这个问题。但是我可以保证,你越渴望得到就越应该去争取。如果有5%～10%的沟通余地,不要过早妥协,要努力坚守7%。不要过早妥协,否则你的雇主会觉得你并不是强烈想要加薪。你越有说服力,就越令人信服,同时也就越有可能成功。

如果你实在害怕被拒绝而处于尴尬处境,请盯着你的雇主5秒钟,想象你是雇主,而你的员工向你要求增加100欧元工资。

作为一个公司经理应知道,为员工增加100欧元就意味着公司要支付150欧元,包括增加的税费。但是要使员工离职,你将不得不重新招聘和培养新人。这大概要3个月,包括雇主成本、重新培养新职员的成本将达到 8 100 欧元。这相当于 4.5 年的加薪！更不用说算上广告费、面试筛选时间，并且还不确定是否能招到合适的人。

雇主如果这样计算利益，他并不会让你离职的，特别是如果知道你是公司中不可或缺的人才时。他知道迟早你会要求他加薪的。

如果您是老板并且是服务行业，结论是完全相同的。如果你的客户与你合作快乐，你相信他们会因为你的价格每月增加 0.5% 而停止与你继续合作吗？这一增长对他们完全是无关痛痒的，而你将在一年后得到利润率 6% 的增长。这就是正常使用的贸易手段。为什么你不试试呢？

现在，如果你的雇主完全不听你的要求，如果你的工作使你很不满意……

拥有更多的建议四：如果你的工作不开心，辞掉吧！

如果你什么都没有得到，没有得到你预期的结果，你觉得没有得到应有的收入、评价和赏识的时候，或者你只是在滥竽充数，也许是到别处看看的时候了。

我知道这种解决办法或许有些极端，但是想一想，年复一年地工作却没有加薪至少意味着两件事情：(1) 他们嘲笑你，没有

理由,主要是因为他们企图利用你;(2)你变穷,生活成本增加,你在不停地失去钱却没有其他地方可以赚钱。

不受认可的工作是没有价值的工作,越是不受注意就越不喜欢你的工作。这是你不去争取的理由,也是你的老板拒绝给你加薪的理由。

如果你接受不被认可,如加薪,你只是在寻找不采取行动的借口。还有,你只是在为不去应聘更好的工作而找借口。

最后,你会发现没有任何好的改变,并且掉进了一个沮丧的旋涡:你被迫从事着不喜欢的工作,和不尊重你的人打交道,浪费你的时间和精力。

相信我,将生命浪费在不喜欢的事情上真是一种错误。我知道改变并不总是容易,但如果你想从生活中获得更多,不要放弃,去寻找一些适合你的人和事吧。

拥有更多的建议五:为自己工作

越来越多的女性正在成为自己的雇主。为什么你不试试呢?根据所选择的领域,你可以每周工作几小时,赚几百美元,或发展全职赚取全额工资。尽管如此,自己做老板可以使你赚取更多的钱和提高你的生活质量,你可以根据你的需要管理使用你的时间,而非你的雇主。

第十一章
如何能挣更多的钱

自己做老板，可以赚更多钱。

一切皆有可能。你只需观察你的周围，找出社会需求和市场空缺。现在许多家长根本找不到托儿所，为什么不考虑看护别人的孩子呢？如果你会一种外语，就可以做翻译（我20岁的女儿，除了做定期的研究，每月能赚250至300欧元的额外收入）。将你的空闲时间用在别人需要的地方，如做厨师或提供管家服务。你会发现它并不难并且能轻松获得报酬。

> 实例："我是一个家庭主妇，有两个孩子。在看完《每个人都应该是有钱人》之后，我开始做小生意。开始，我将所有闲置物品在易趣网上出售。我得到了超过2000欧元的回报。我建议我的邻居做同样的事情。由于她并不感兴趣，我主动提出替她来卖，我获取销售额30%的利益。现在我为所有邻居提供这个服务，并在6个月内赚了12 000多欧元。"（玛丽·F）

另一个可行渠道是网络批发，也称为直销或会议营销。有无数家公司愿意帮助你并培养你推销他们自己的产品。这种方法一个主要的优势是，你可使公司受益于税收和社会利益并减少约束力。这种类型的销售使你可以在家工作，不必浪费时间

去办公室,根据你的需要灵活掌握上班时间,让你有机会兼顾家庭和高酬劳的工作。

如果你被这样的冒险吸引着,请记住,你的获得和你投入的时间和精力成正比。如果你有信心,你可以赚几千欧元。相应的,你必须认真投入更多的时间的精力。作为家庭主妇,你也许会只有几个小时投入到这一活动中,这将限制你的收入,或许每月只能得到几百欧元。不过,如果知道如何正确使用这些所得去投资,你可以很容易保障你的安全和未来。

如何支配新的收入

一旦你赚更多的钱,随之而来的问题是如何支配这些收入。如果你想使自己快乐,我敢肯定你会花钱。然而,如果你始终专注于自己的目标,就将用这笔钱去投资去尽快实现目标。但我觉得这是一个错误!

"我不明白这一点。你告诉我们去投资,但现在又说这是错误的!"

无论你的愿望和动机多么良好,你的努力应该得到回报,因为你的一生不能只是在赚钱。如果你没有真实地感觉到你赚钱了,你的动力将减弱,你就无法坚持长久。因此,对自己的奖励是必不可少的。

第十一章
如何能挣更多的钱

赚来的钱不必全部进行再投资,我建议你将其中的一部分用来犒劳自己。这样,你会更积极地争取新的加薪,赚取更多的钱,因为你知道赚的每欧元都会给你带来快乐,都会使你的未来更加美好。另一方面,投资部分的资金将增加较快,因为投资的额度不是工资的 10% 也不是 40%,而是工资的 20% 到 30%。

现在,你手中所有的牌都可以改善你未来的财政处境。你知道良好的习惯带来良好的改变,可以使生活中有更多收获;你知道如何赚更多的钱,尤其如何投资会给你带来真正的收益,但最后还有一件事情。

第十二章
你富有了,但是——

第十二章

你富有了,但是——

我们已经到达这次旅行的终点。因为这本书只是你自由支配财富的第一步。第二次旅行或许也是最重要的旅行,现在就开始,通过你发现的一切去获得利益吧。

正如我们所看到的,这一切只不过是对你的资源的简单务实的管理,伴随着理财教育没有什么是不可能的。好习惯和行为促进财政独立,但你必须明白这并不足以理解这本书中描述的概念。要真正有效地改变你的生活 ——增加银行存款——你必须付诸行动,因为只有行动才能产生结果,才能实现目标,得到自己想要的东西。

你可以把这本书读十次,将它倒背如流,但如果你不行动的话一切都不会改变,一切都会保持原样。如果你什么都不做,如果你不改善受用自身资源的方式,那么你将只能和安全感和梦想说再见,迎接你的将是失败和悔恨。

能够改变你的未来财政状况的只有你自己。如果你已经做

好准备,改变你的习惯和行为,事情会自动发生改变。你将创造另一个更加接近你目标的现实。你还会发现,你生活中的其他事情都在悄然发生变化。你会更加小心选择你的同行和职业,让他们认可你想得到的和你应得的那些。你将得到信任和信心,你知道你在为自己和亲人创造美好的未来。

我不能说这一切都将是简单而容易的,但困难往往没有它们表现的那么可怕。但如果你开始说"我不知道我是否会成功",那么你已经在尝试争取之前为自己寻找借口了。相信我,只要你想你就可以做得最好。

很显然,对于大部分人努力才是成功的关键(不要以此为借口),但你知道在大部分情况下没有什么是不可避免的,你真的可以改变事情,并从你的生活中得到更多。你要做的就是采取行动。我可以保证什么都不做就什么都得不到。合上这本书,一味地空想或是做梦的话,什么都不会发生。如果你继续花上一个星期来问自己是否要做一些改变,你是不太可能有所行动的。以正确的方式做一些事情,你的生活明天就会有所改变。一味想,只会使你终身一事无成。

如果你什么都不做,就什么都得不到

首先是要付出。其次,确定人生目标,毫不犹豫地对那些自己不想再忍受的生活方式(依赖,信用卡消费限制……)说不,根据你的目标,会做出相应的行动。最后,用你的钱去投资,这将给你带来独立、自由、享受,或者其他任何你认为很重要的生活。

金钱不是万能的

最后有一个很重要的事情:不要忘记金钱并不是万能的,钱并不能买到一切。我不是说物质的东西,我说的是生活。即使幸福是需要财富来推动和维持的,但金钱并不是个人目的。金钱可以为孩子买到房子,满足他们的所有需要,但使他们真的很高兴的是你的无私的爱。学会支配你的钱,使之成为盟友而不是敌人,你会改善你的生活,给你带来最棒的人生。

小小的请求

感谢读者朋友们和我一起度过这些章节的讨论,我希望你们从这本书里学到了知识。如果是的话,请将此书推荐给你的朋友,并和家人一起分享一切你所学到的。我也很高兴听到你的感谢,我请您访问我的网站(www.toutlemondemeritedetreriche.

com），在互联网上展示你的个人经验。你会发现许多读过此书的人和所有人都应该是有钱人的真实案例。

好了，该说再见了。不要忘记去存钱。

附：

成功的故事:欧利维埃·塞邦,32 岁的百万富翁

我 1960 年出生在一个普通的工薪家庭,童年的生活很平淡,在度过了杂乱的学生时期后,我突然意识到自己应该趁年轻的时候做点什么,尤其是在成家之前。

但当时我并不知道这个想法会改变我以后的生活。

由于我不喜欢上学,我成了家族里的耻辱。直到今天我才明白当时父亲想让我成为一名出色的电视维修工或者加油站工作人员。不要因此把我看做是个懒虫,恰恰相反,但是我就是不喜欢学校。

为了让学校开除我,我故意制造混乱,一共被开除了三次(初二、高一和高三)。但是我 32 岁的时候就成了百万富翁,而且 35 岁就差不多已经退休了。

我在 20 世纪 80 年代初期开始创业,恰逢微型计算机诞生的时候,这次变革与 2000 年因特网的普及很相似。当时,我被看做是计算机方面的专家,有很多待遇优厚的工作找我。但是和那些充满前途的坐办公室的工作相比,我还是更喜欢自由自

在的生活以及和我的朋友们在一起。然而我很快就意识到自由是要付出代价的,你需要想办法去负担它。

我并不想成为一个游手好闲的强盗,我开始思考谋生的问题,于是先后开了几家公司。在我23岁的时候,成立了我的第一家公司。这个公司的运营基于影视软件系统,具体的运营方式为:像我们今天复制电子音乐一样,当时除了少数人使用书面资料外,大多数人都在复制电子资料。我的想法很简单:人们要想复制文件就得付钱!于是我向软件公司建议出租他们的原版文件资料。由于我是巴黎唯一一个经营这类生意的人,我很快就取得了成功,人们在我的公司外排起了长队。

虽然我公司经营的项目很简单(往往是最简单的东西效益最好),但是效益却相当可观。然而,我的年轻、天真和过于自信致使公司随后陷入了困境。一个买主付给了我一张不能兑现的空头支票,在差不多一年没有盈利后,我将公司的这个赢利项目转卖给了别人。即使我有足够的能力去开发这个项目,也无法阻止这个结果。

26岁时我又开了一家供应电脑零件的公司。我向银行贷款五千法郎作为公司的启动基金,但因为我没有办法提供抵押,银行拒绝了我的贷款请求。于是我决定碰碰运气,以买车的名义到另一家银行贷款。

银行一批准我的贷款,我就开始了我的生意。凭借着我在前一个公司运用的创造力,我的生意有了一个不错的开始。可我不善管理,没能控制好公司的发展,公司再次倒闭了。令人惊讶的是,尽管公司倒闭了,我却没有发现任何问题,同时我的另外一间公司却经营得很好,利润以每年 3 位数递增(4 年内资产从零增长到一千万法郎)。

1990 年,我把公司管理权交给了别人(见概念 PEGR 和 TDA),每周只有两天去公司,当时我的年收入相当于 100 000 欧元(工资加股息)。之后我和那个管理者产生了分歧,才不得不又重新掌管公司。虽然收入一样,但我每周要工作 6 天,每天工作超过 12 个小时(见 GEPR)。

接下来我就没什么可抱怨的了。3 年后,我把公司卖给了我的主要竞争对手,35 岁时我就退休了。

退休之后我有了充足的时间发展个人爱好。我一直酷爱人类科学,喜欢研究科学技术,例如 NLP(神经语言学工程)和催眠术。

这个时期我投资购买了一些房产,我发现原来可以不花一分钱就能买到房子(见房地产章节)。

我对金融市场也很感兴趣,还参加了交易所投机方面知识的培训课程。有了这些新的知识,我在 1999 年底到 2000 年初的股票市场繁荣时期大赚了一笔。有时候我一天就可以赚到别人一年赚到的钱。

2000 年我离开了法国,举家迁往澳大利亚。通过互联网,

我在全球许多国家组织了证券培训课程及研讨会。

所有这些是要告诉你们,财富不只属于富人,而穷人不会永远贫穷。我也曾一无所有,也曾怀疑自己,被别人欺骗卖掉第一间公司,第二间公司又经历倒闭,人生陷入底谷,但是我最后成功了。

这20年的经历教会了我很多:

——如果我在第一个困难面前倒下了,我将永远不会有今天所取得的成就。我不断从失败中总结,不断进行自我反省。

——即使我是通过经营公司积累了财富,但我知道这并不是唯一的,也不是最容易的方式。对于我们中的大多数人来说,股票和房地产同样是一个不错的致富方法。

——学校的知识对我的财富积累没有任何帮助,我们在学校学到的只是一些基础知识,这些知识和钱没有关系,但是对我们的日常生活却是必不可少的。我并不是在批评学校毫无用处,只是你们得到别的地方寻找致富的方法和知识。

从此可以得到的结论是,我们都有可能成为富人,唯一要记住的就是:要进行相关知识的培训。

这些就是我要在我的两本书《人人都能成为有钱人》《女人都能成为有钱人》里和你们分享的。

朋友们可以通过 www.olivierseban.com 下载相关资料和视频。再见。

欧利维埃·塞邦

传奇理财师32岁变百万富翁的秘密，
法国第一理财书，风靡20国，启蒙薪水族、蚁族
自食其力成功致富

○法国亚马逊书店理财类图书第一名，法国最著名的理财师之一。
○8个语种疯抢版权，全球发行20个国家，改变百万读者的"财富人生启蒙书"。
○"三次被退学的穷小子"32岁成为百万富翁后说出"人人都能成为有钱人！"背后的秘密，这些秘密学校里绝对不会教你！
○法国版《富爸爸穷爸爸》财务自由启蒙书风靡全法。
○"现在法国人都在讨论《人人都能成为有钱人》。"法国《理财家》

  账单，房租，贷款，缴税，信用卡透支，父母养老退休金……所有这些压得你喘不过气的问题，都需要你致富才能解决。而本书作者塞邦，一个普通人，在本书中将告诉你他的致富之道，全球有20个国家的读者正在与你一同阅读塞邦的财富十堂课……

  23岁创业，32岁成为百万富翁，35岁提前退休，草根出身却成为法国最著名的理财师之一，这个让法国人深深着迷的法国传奇理财故事，激励着人们通过致富改变自己的命运。他在这本风靡20国的畅销书中用自己的亲身经历向我们讲述了课堂上学不到的理财之道。

从今天起，把所有陈旧的理财建议以及诸如此类的书籍通通扔进垃圾桶里去吧！

《救救你的钱包》！为您的钱包打造的健康计划

○《巴黎人报》、《图书周刊》、《快报》等多家媒体强力推荐！
○ 法国亚马逊、法雅克（FNAC）、新闻周刊（Express）等各大畅销书排行总榜第二名！
○《交易员不死》、《黄金世界》等超级畅销书作者马克·费奥伦蒂诺全新力作。

如何正确理财？如何轻松学会理财？

法国金融专家费奥伦蒂诺将在他的书籍《救救你的钱包》中，用简明、准确、极度幽默的语言向读者介绍其理财秘诀。本书针对不同阶段列出了十大理财法则，并将理财攻略分成了四个阶段：进攻篇、投入篇、巩固篇和稳定篇。为了让读者更快速地领略要点，作者还列举了十个普通人生活理财实例，并对其一一进行讲解。相信这本有趣的理财书，一定能给理财者们带来不小的帮助和启发。

你属于下列哪一种类型：

★ 蚂蚁类型的人理财攻略　★ 鸽子类型的人理财攻略
★ 绵羊类型的人理财攻略　★ 老鼠类型的人理财攻略
★ 蝉类型的人理财攻略

"舵手理财慧"开始征稿了!

在您的生活中,发生过很多有趣的理财故事吗?在您收集财富的过程中,有不少神奇的技巧吗?或者,你的工作就是凭借智慧和经验帮助别人更好地管理财富!

如果您满足以上条件,并且非常乐意把它们拿出来与别人一起分享,那么加入我们吧!

"舵手理财慧"正在世界各国理财图书中遴选优秀的理财书籍和理财专家,努力把全球理财智慧汇集中国,从而打造中国理财书的卓越品牌。当然,我们还是更看重在中国发现本土的理财智慧,并希望能通过书籍的形式让它们广泛传播,使得大江南北,甚至其他国家的大众能从您的文字中深受启发,开始自己的富裕之路!

如果您手里已经有稿件,并跃跃欲试想进一步了解如何加入我们,或者还有些许顾虑而没有动笔。都请您联系我们,让我们携起手来,共同打造一个极具影响力的理财经典品牌!同样热忱欢迎相关理财机构与我们合作共赢!

北京文苑文化发展公司(舵手图书)
联系电话:010-85980695
邮箱:dsbooks88@gmail.com
地址:北京市朝阳区水锥子东路22号楼101室